JACK HAYFORD

Por qué el pecado sexual es peor que otros pecados

ATRACCIÓN

Fatal

Vida

La misión de *EDITORIAL VIDA* es proporcionar los
recursos necesarios a fin de alcanzar a las personas
para Jesucristo y ayudarlas a crecer en su fe.

© 2005 Editorial Vida
Miami, Florida

Publicado en inglés bajo el título:
Fatal Attractions
por Regal Books
© 2004 por Jack W. Hayford

Traducción: *Marcela Robaina*

Edición: *Madeline Díaz*

Diseño interior: *Grupo Nivel Uno, Inc.*

Adaptación de cubierta: *Gustavo Camacho*

ISBN: 0-8297-4413-4

Categoría: Vida cristiana / Relaciones

Impreso en Estados Unidos de América
Printed in the United States of America

05 06 07 08 09 ❖ 9 8 7 6 5 4 3 2 1

CONTENIDO

PREFACIO

Tampoco yo te condeno.
Ahora vete, y no vuelvas a pecar.
JUAN 8:11

Allí estaba ella, parada sola en el frío de la madrugada, tem-
blando de miedo, su corazón latiendo con tanta fuerza que
temía que fuera a salírsele de su pecho. No le habían dado
tiempo para más que medio vestirse antes de que la sacaran
brutalmente de su casa y la arrastraran a la plaza pública.
Humillada, temblando de miedo y aterida, se cubría el cuer-
po con sus brazos: una débil defensa contra la furia y el tor-
mento de sus acusadores.

«¡Debe morir!», gritaba el líder religioso con más influen-
cia del pueblo. «¡Es una prostituta, hay que apedrearla!»

«¡Debemos matarla! ¡Lo exige la ley!», repetía la muche-
dumbre detrás del líder, sosteniendo piedras en los puños, lis-
tos para ejecutar la sentencia de muerte.

Los pensamientos se agolpaban en la mente de la mujer,
su alma estaba humillada y aterrada. El hombre con quien

compartía su cama se había presentado unas horas antes a su puerta. Ella lo había visto una o dos veces en el pueblo, pero no conocía su nombre. Le había preguntado si podía pasar. La luz de una lámpara de aceite brillaba en la penumbra y ella había hurgado su rostro y sopesado su propuesta. No porque fuera un dechado de pureza, sino porque también tenía sentimientos. Se sentía sola. Hacía mucho tiempo que nadie la había mirado tan profundamente a los ojos.

Ahora todas las miradas y todos los corazones estaban en su contra, la odiaban. Todas las miradas excepto una. Había oído que algunos decían que era un profeta, y sabía que otros hasta creían que tal vez fuera el Mesías.

«¿Quién de ustedes está libre de pecado?», demandó. «El que esté libre de pecado que tire la primera piedra». Luego se inclinó y escribió algo en la arena, pero ella no alcanzaba a leer lo que escribía. De pronto, los corazones y las mentes de los acusadores de la mujer dieron un vuelco, porque ninguno podía afirmar que estuviera libre de pecado. Uno a uno soltaron las piedras y se retiraron.

El relato del evangelio de Juan (Juan 8:2-11) nos refiere cómo el Salvador se interpuso entre la culpa del pecado sexual de la mujer y los que la condenaban. Todavía hoy Jesús hace lo mismo: toma el lugar de cualquiera que haya pecado de *cualquier* modo y asume su defensa. El asunto, sin embargo, es el siguiente: su «defensa» no es una absolución casual del pecado ni una condenación implacable, sino un *enfrentamiento*. Como a la mujer atrapada en el pecado de adulterio, Jesús puede traer paz y libertad a toda persona que esté dispuesta a aceptar su doble pronunciación: el perdón equilibrado con el requisito de recibir el poder para no volver a pecar (Juan 8:11).

Todos los que hemos recibido nueva vida en Jesucristo estamos agradecidos porque tenemos un Salvador que se interpone entre nosotros y la pena de muerte que merecíamos por causa de nuestros pecados, tanto los pecados sexuales como todos los demás. Por lo tanto, si has tomado este libro procurando ayudar a un amigo, o si lo estás leyendo para encontrar respuestas para ti, debes saber que el mismo Espíritu que Jesús manifestó me motiva a compartir estas páginas. Como la mujer de la historia, tal vez hayas intentado llenar los vacíos y quebrantos de esta vida con la corrupción mundana que hace creer a la gente que puede traer felicidad. Como esta mujer, tal vez te hayas percatado de que esto solo lleva a la muerte: a una autoestima maltrecha; a ni el más mínimo respeto por tu propia persona; al castigo de la infertilidad producida por una enfermedad venérea; a un embarazo no deseado que condena a muerte a un alma inocente, todavía no nacida; o a la condena de muerte pronunciada por el SIDA.

Más de cuatro décadas en el ejercicio del pastorado me han convencido de que los pecados sexuales son peores que otros pecados. Esto no significa que Dios tenga más dificultad para perdonarlos, ni en modo alguno que rechazo a las personas o las margino por sus inmoralidades. No me distancio de nadie por *ningún* fracaso. Dios tampoco lo hace. En realidad, las Escrituras afirman que Dios amó tanto al mundo, a pesar de su rebeldía contra él, que mandó un Salvador en la persona de su propio Hijo, Jesús, para redimir nuestras vidas en vez de condenarlas (Juan 3:16).

Dios no tiene mayor dificultad para perdonar los pecados sexuales, pero estos son más *perjudiciales* que otros pecados a escala personal y social. El pecado sexual atenta contra la fuente primigenia de todo lo bueno que Dios previó para nuestra vida en la tierra, y deja a su paso los despojos de una destrucción que puede repercutir en las futuras generaciones.

A todos nos interesa escuchar hablar del sexo, pero pocos deseamos escuchar hablar del pecado. Sin embargo, detrás de las portadas a todo color de las revistas y de la propaganda sensual, en los entretelones de los programas televisivos y las películas que presentan el sexo casual como algo socialmente aceptable y enriquecedor para la persona, el daño que el pecado sexual provoca en la personalidad está más extendido de lo que pudiera imaginarse, a no ser que se haya tenido ocasión de tratarlo, como hacemos quienes nos dedicamos al ministerio. He sido testigo de las fisuras que se producen en la personalidad de quienes han sido seducidos por la idea de que el «pecado sexual» es una anticuada contradicción de términos. En mi trabajo pastoral, y como alguien que ama a las personas, estoy apenado por todos aquellos que han sido engañados por esta mentira y creen que hallarán la verdadera realización y liberarán todo su potencial creativo mediante el ejercicio indiscriminado de su sexualidad.

En realidad, la frase popular para la promiscuidad es hoy «sexualmente activo», con lo que por cierto se infiere que la falta de actividad sexual refleja a una persona pasiva y sin contacto con la vida real. Por otra parte, el ser sexualmente activo se relaciona con la persona llena de vida, vibrante, conocedora y realizada. La deshonestidad de esta estructura de pensamiento y la desaprobación social inherente a esta terminología se convierte en una presión interna que obliga a reconocer que la personalidad se verifica en la actividad sexual. No obstante, los cientos de historias trágicas que he escuchado de quienes han sido embaucados por este engaño me obligan a rebatirlo.

El propósito de este libro es ayudar a la gente a entender lo que la Palabra de Dios dice con respecto al pecado sexual y a la sana realización sexual. La intención creativa y gozosa de Dios de dotar al ser humano de su sexualidad es diametralmente opuesta a la imagen del sexo desvalorado y carente de significado que bombardea nuestra cultura, tergiversa nuestro discernimiento y mina nuestra base moral. Muchas personas tal vez se sorprendan de esta afirmación: *Dios inventó el sexo*, pero lo hizo según *sus condiciones*. No hay por qué sentir vergüenza en lo que atañe al sexo, sino que este es un tema que debemos tratar a la luz de la sabiduría del Hacedor y de su plan para la plenitud sexual.

Dios nos confronta con nuestras prácticas sexuales: ellas están en el centro de nuestro potencial para la máxima satisfacción física de la vida. Para ello, él tiene su lista de reglas, pero no porque se oponga a nuestra felicidad o realización, sino por el contrario, porque Dios el Padre, nuestro creador, nos ha dicho en la Biblia —en el «manual de instrucciones» que él nos proveyó— cómo vivir y qué cosas son peligrosas o destructivas. Como cualquier buen padre, le advierte a sus hijos: «No hagan estas cosas o se lastimarán».

Hace algún tiempo di una serie de enseñanzas a nuestra congregación en *The Church on The Way* a la que llamé «El ex-sexo», haciendo un juego de palabras con la calificación «X» con la que se clasifica al sexo explícito en las películas. Mi intención era referirme a los «ex» valores sexuales, los cuales habían sido «descartados» por nuestra sociedad (valores que ya no se consideraban relevantes). El problema de estos valores «anacrónicos» es que cuando descartamos las pautas morales atemporales que enseña la Palabra de Dios, la gente acaba cosechando los frutos terribles de su pecado. Es una cosecha amarga contraria a toda intención del creador para nuestra maravillosa capacidad de realización sexual, la cual el mundo no está dispuesto a aceptar hasta que ya es demasiado tarde.

Ha pasado toda una generación desde que comencé a enseñar sobre este tema, un tema que he tratado sin rodeos y compasivamente desde que comencé mi labor en el ministerio como pastor en una universidad, hace cuarenta años. Sin embargo, la diferencia en nuestros días no está en la actividad sexual, sino en la naturaleza pública de la afirmación que resta trascendencia a la indulgencia sexual, a pesar de lo perversas, promiscuas o dolorosas que puedan ser las consecuencias. En el transcurso de estos años he sido testigo de las víctimas de esta cosmovisión tergiversada del sexo, víctimas que se retuercen en la confusión y el sufrimiento, en medio de los restos residuales de la revolución sexual. Todos los ámbitos de la vida pública hoy en día han sido insensibilizados y degradados: los medios y la propaganda se basan en imágenes sexuales o en desinformación sexual para llamar nuestra atención, conseguir nuestro dinero, y en el proceso, ofrecer al enemigo de nuestras almas libre vía para esclavizarnos.

No se trata de que la sociedad de hoy sea más pecadora que la de otras etapas de la historia; la verdad es que posiblemente estemos viviendo la etapa más *funesta* de la humanidad. Desde que comenzó la epidemia de VIH/SIDA, casi veintidós millones de personas han muerto de SIDA, y a comienzos del año 2004, solo en los Estados Unidos, más de cuarenta y tres millones de vidas habían sido abortadas.[1] Estos números son inconcebibles y equiparables a las muertes producidas por el terrorismo o la guerra.

Hay diez razones por las que los pecados sexuales son peores que otros. Cinco de esas razones están relacionadas con el daño producido en el alma de la persona involucrada en el pecado sexual, y las otras cinco razones se relacionan con el daño colateral que afecta a los individuos (y a todo el mundo) a nuestro alrededor. Como el hongo que produce una explosión atómica, la contaminación de los pecados sexuales no se limita al ámbito íntimo de la persona o las personas que pecan, sino que impacta a las familias, repercute en la reputación de una persona en su trabajo o comunidad, y produce heridas en el cuerpo de Cristo.

La Palabra de Dios declara: «Porque ninguno de nosotros vive para sí mismo, ni tampoco muere para sí» (Romanos 14:7), echando por tierra la patética noción que impera en la sociedad según la cual con el pecado sexual «no hago daño a nadie sino a mí solo». Este argumento suele esgrimirse para los pecados sexuales en solitario, como el caso de la masturbación y la pornografía. «¡Es asunto mío y de nadie más!» Pero el pecado sexual es tan nocivo, tan invasor, tan genético, tan contagioso y tan destructivo como el cáncer. En la Biblia hay advertencias y ejemplos históricos que son prueba de las consecuencias destructivas que la indulgencia sexual, la desobediencia a las leyes de Dios y la conducta irresponsable acarrean a otras personas, además de a uno mismo.

El pecado es un asunto gravísimo, y la presencia o ausencia de remordimiento no es un indicador de su nocividad. La culpa es real y se consuma en el momento del hecho, no es un sentimiento de la persona. La culpa no es solo lo que siente el pecador, es también la impresión del impacto del pecado. No podemos pecar y pretender que nada se distorsionó, y que al final o de forma inevitable no se derrumbará. Toda la cuestión de la sexualidad humana debe considerarse a la luz de una cultura que se desintegra, que ignora completamente la Palabra de Dios y que se arrastra en sus propias malas pasiones e inmoralidad, una sociedad esclava de sí misma, que inexorablemente procura su propia justificación.

En este contexto, el deseo de Dios no es condenar sino *restaurar*, *redimir* y ofrecer su *perdón* y la liberación que Jesús nos reveló, como lo hizo con la mujer sorprendida cometiendo adulterio.

Nuestro Salvador nos guía hacia la posibilidad de vivir *según el propósito de la vida*. Sin embargo, a pesar de lo misericordioso y amoroso que Jesús es, él no le dijo a la mujer (como argumenta una sociedad ciega): «Querida, no te amargues; todos somos humanos».

Cuando perdonó a la mujer, el Señor dijo: «*Tampoco yo te condeno*», afirmando que el juicio no era inminente. Pero luego agregó: «*Ahora vete, y no vuelvas a pecar*» (Juan 8:11, énfasis añadido). Esto es más que un mandamiento: las palabras de Jesús están cargadas de *poder*. Llevan en sí la fuerza espiritual y la capacidad para que podamos cumplir cualquier llamado, siempre que deseemos hacer la voluntad de Dios. Jesús es la Palabra de vida para darnos la victoria sobre el pecado, para librarnos del yugo de un hábito o de una dominación, o para traernos paz en medio de las pruebas del presente. Cuando Jesús viene a morar en nosotros, cuando realmente lo invitamos a *vivir* en nosotros, a instalarse y tomar el control, lo que él dice comienza a *obrar* en nuestra vida. De lo contrario, sin él, quedamos limitados por nuestro temple moral, desprotegidos y sin defensa contra los embates letales de nuestro adversario o contra la brutal condenación de sus acusaciones.

Mi intención al escribir este libro es fortalecer los corazones con un entendimiento de por qué Dios ha sido tan claro en su Palabra con respecto a evitar el pecado sexual, así como explicar sus mandamientos para nosotros con relación al ejercicio adecuado y supuesto de las capacidades sexuales con las que maravillosamente nos ha dotado y que en su amor nos ha concedido. De forma contraria a las suposiciones que muchos tienen acerca del punto de vista cristiano de la sexualidad humana, no dudemos en celebrar este don: sus privilegios, sus gozos y su plenitud sobreabundante. Pero esta celebración solo es posible cuando nuestra sexualidad se conforma a las pautas de su creación. Para lograr este propósito, al final de cada capítulo brindamos ayuda para promover la reflexión y oraciones para ministrar esperanza y sanidad.

Al comenzar juntos la lectura de este libro, mi objetivo no es erigirme como acusador y condenar los pecados sexuales, sino señalar el camino de la liberación, la libertad y la paz, así como esclarecer las ideas en medio de una sociedad confundida y profundamente enferma.

Quiera Dios bendecir la lectura de este libro, ya sea otorgándote la gracia para tu persona o el poder para ministrar a otros.

RECONOCIMIENTOS

Siempre termino todos mis libros con un sentido de deuda, porque estoy plenamente convencido de que dependo de muchas personas para hacerlos posible.

No pido disculpas —a pesar de que en realidad no fui yo quien escribió este libro— porque estoy de verdad comprometido en comunicar desde mi corazón al del lector la pureza sexual de manera íntegra y sincera. Sin embargo, he contado con la ayuda eficiente y magnánima de una asistencia editorial calificada.

Selimah Nemoy es la «mano derecha» con que Dios ha bendecido este proyecto. Conocí a Selimah poco tiempo después de convertirme en su pastor, cuando ella me escribió para contarme la respuesta milagrosa a sus oraciones y la maravillosa reconciliación de su familia. Debido a la cálida amistad que la unía con mi madre, luego llegué a conocerla más. Diez años más tarde, ella trabajaba bajo las órdenes de nuestro principal administrador en *The King's College and Seminary* y tenía a su cargo la supervisión de nuestro sitio de Internet.

Desde entonces, su competencia se ha evidenciado en su capacidad para compendiar cientos de mis sermones en formato digital y que así usuarios de todo el mundo pudieran tener acceso a ellos. Conforme me daba cuenta de esta feliz circunstancia gracias a los correos electrónicos que recibía de todas partes del país y del mundo, al mismo tiempo mis amigos de la editorial *Regal Books* me pidieron que abordara este proyecto de varios tomos para tratar el tema de la pureza sexual. Sabía que solo lo podría lograr si contaba con ayuda capacitada, consagrada y lúcida.

Por eso, mi esposa Anna y yo deseamos agradecer a Selimah. Ella nos ha bendecido con su dedicación al compromiso, no solo trabajando en este manuscrito sino continuando de forma simultánea con sus responsabilidades en el seminario *The King's*.

«El Señor ha emitido la palabra, y millares de mensajeros la proclaman» (Salmo 68:11). Selimah Nemoy y Regal Books se hayan entre la gran multitud de mensajeros gracias a los cuales personas como yo tenemos el privilegio de servirle a ustedes, los lectores. Gracias sean dadas al dador por esto: Él es Dios Todopoderoso, siempre bueno y lleno de gracia.

JACK W. HAYFORD
Pastor, *The Church On The Way*
Rector de *The King's College and Seminary*

Capítulo 1

¿Podemos hablar?

Es imposible tratar los temas sexuales sin ser claro, libre de prejuicios y sincero en todo momento; sin embargo, mi experiencia en los círculos cristianos me lleva a concluir que dicha franqueza no siempre es bienvenida. No tengo excusa ni justificación para el recato que ha atiborrado el diálogo entre «los santos», por el contrario, he procurado derribar las barricadas que se anteponen a la franqueza en la comunicación —a menudo recurriendo al humor (para que nos riamos de nosotros mismos)— sin caer en vulgaridades ni en el mal gusto o la irreverencia.

Cuando debo iniciar un seminario o presentar un sermón acerca de la Palabra de Dios y la sexualidad humana, acostumbro referir la siguiente historia, tomada hace decenas de años de un periódico.

Una mujer de mediana edad y muy modesta estaba planeando pasar sus vacaciones de verano con su marido en un campamento en el sur. Como no quería imprevistos, escribió una carta al administrador del campamento para preguntarle acerca del equipamiento de los baños. Cuando escribió la palabra «baños» en la carta, le pareció demasiado explícita para su sentido del decoro. Entonces cambió la palabra «baños» por la expresión «instalaciones higiénicas». Como todavía le parecía demasiado explícito, decidió usar una abreviatura, y se limitó a escribir «IH». Preguntó: «¿Hay IH en el campamento?»

Cuando el administrador leyó la pregunta, no tenía idea de qué quería saber la mujer. Se la mostró a otras personas, y tampoco pudieron descifrar la abreviatura. Finalmente, decidió que la mujer posiblemente deseaba saber si había una Iglesia de los Hermanos en el campamento.

Con esto en mente, el administrador del campamento le contestó:

Estimada señora:

Lamento mucho la demora en contestar su carta, pero ahora tengo el placer de informarle que hay IH a unos veinte kilómetros al norte del campamento, con asientos para doscientas cincuenta personas. Reconozco que es una distancia considerable, si acostumbra a asistir regularmente, pero sin duda le interesará saber que muchas personas se trasladan esa distancia, llevan el almuerzo, y pasan allí todo el día. Suelen llegar temprano y quedarse hasta tarde. La última vez que fui fue con mi esposa, hace seis años. Había tanta gente que tuvimos que quedarnos todo el tiempo de pie. Debo decirle que lamento no ir más seguido. Si no voy, no es porque no lo deseo sino porque, al envejecer, el esfuerzo es cada

vez mayor. Si decide venir a nuestro campamento, tal vez pueda acompañarla la primera vez. Con gusto, me sentaré a su lado y la presentaré a todos los demás. Queremos que sepa que este campamento es muy acogedor.

He compartido sobre este intercambio de cartas en diversas partes del mundo y nunca me encontré con un público que no se desternillara de la risa... o que al menos entendiera cuál era el punto. Es una lección divertida y útil para ilustrar lo que puede suceder cuando no somos claros, directos y francos, y la confusión que puede resultar si no somos del todo sinceros. Deseaba compartir esta historia con

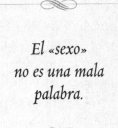

El «sexo» no es una mala palabra.

ustedes para prepararlos, ya que mi intención es tratar el tema de la sexualidad con franqueza; sin religiosidad ni crudeza, sino yendo al grano y sin rodeos.

El «sexo» no es una mala palabra. Sin embargo, esta discusión ha estado siempre acosada por varios mitos que inhiben el tema: que el sexo es por naturaleza pecaminoso (no lo es), que la caída del ser humano fue por causa del sexo (no lo fue), y que el recato es equiparable a la santidad (no lo es). ¿Creen que Dios se sorprendió cuando vio a Adán y Eva arrullándose entre los arbustos y declaró: «¡Qué espantoso! ¿Qué hice?»

Estos mitos «inhibidores» han sido promovidos por el silencio desde el púlpito... un silencio a menudo reforzado por enseñanzas tales como que el nacimiento virginal era necesario porque las relaciones sexuales son por naturaleza pecaminosas, aun dentro del matrimonio; y en algunas tradiciones, que los sacerdotes deben hacer voto de celibato porque la devoción profunda, o la plena santidad, es imposible para aquellos que expresan su amor con la actividad sexual. Este silencio, en ocasiones, ha resultado en algunos de los peores casos de pecado sexual. Ignorar nuestra sexualidad no nos conducirá nunca a la libertad... la verdad acerca de ella lo hará. Como Jesús mismo lo dijo: «Conocerán la verdad, y la verdad los hará libres» (Juan 8:32). La falta de verdad, claridad y enseñanza esmerada se presta para crear una atmósfera favorable a la esclavitud... ya sea la esclavitud de la rebeldía contra esta tergiversación o la esclavitud de una perspectiva irreal de nuestro ser.

¿POR QUÉ ESTÁ TAN CALLADO EL PÚLPITO?

Los líderes espirituales tratan el tema de la sexualidad en muy pocas ocasiones, salvo para hacer esporádicamente comentarios superficiales y ligeros, o arremeter otras veces con condenaciones. Esta reticencia no obedece tanto a un sentimiento de vergüenza como a la aprensión potencial con respecto al tema. Ningún líder desea ser impreciso cuando trata un asunto tan delicado como el sexo, no desea ni parecer ingenuo ni demasiado versado en el tema, como tampoco transmitir un espíritu de condenación, opresivo y culposo. Los líderes fieles no desean ser malinterpretados con respecto al imperativo bíblico de la pureza sexual; y les será mucho más fácil suponer que la gente sabrá diferenciar el bien del mal que abrirse paso por la miríada de preguntas y problemas que aflorarán si plantean el tema.

Además, el silencio desde el púlpito a veces se debe a que el mismo líder carga con sus propias pasadas fracturas o heridas personales, y puede incluso estar personalmente esclavizado en su propia vida íntima. Mi esposa Anna y yo hemos aconsejado a miles de líderes espirituales que han tenido dificultades sexuales e infelicidad en sus propios matrimonios. Sus emociones y conflictos con respecto a la sexualidad los han dejado sin ninguna base de confort y confianza para tratar el tema desde la plataforma, aun cuando hoy caminan en pureza y fidelidad. Si una pareja casada, socios dedicados al servicio en el reino de Dios, no ha aprendido a relacionarse bien en la esfera sexual, difícilmente podrá plantear bien el tema a los demás. Reinará el silencio o la discreción, y nadie alimentará al rebaño en este aspecto fundamental de comprensión de la experiencia humana. El adversario los esclaviza desde dos lados: inhibe la plena liberación del potencial del líder tanto en el ministerio como en su matrimonio.

Si bien la necesidad de tener una actitud bíblica saludable y provechosa requiere de mayor discusión en las iglesias, lamentablemente ha *comenzado* a infiltrarse el mensaje de que el fracaso moral es normal. La resultante confusión con respecto a la moral bíblica es más que patente, tanto entre los líderes como en quienes los siguen. Nada hay de nuevo en que se tergiversen las Escrituras para dar cabida a cualquier cantidad de pecados sexuales, pero hoy estamos viendo cómo el pecado sexual es aceptado incluso por los cristianos: por creyentes a quienes no se les ha enseñado nada distinto. En la actualidad encontramos dentro de la iglesia actitudes indiferentes con respecto a la masturbación y a proporcionarse recíprocamente placer sexual sin coito, hombres casados que exigen prácticas degradantes a sus mujeres, e incluso un debilitamiento en la convicción con relación tanto a si la homosexualidad está mal como a si Dios no habrá creado en realidad a algunas personas homosexuales.

Como respuesta a la ignorancia y aceptación del pecado sexual por parte de muchos cristianos, *Enfoque en la familia* reclutó a un equipo de especialistas bíblicos —el Consejo sobre ética sexual bíblica [*Council on Biblical Sexual Ethics*]— para formular una afirmación con respaldo bíblico acerca de la conducta sexual. Soy uno de los firmantes de la «Afirmación de Colorado con respecto a la moral sexual bíblica» [*Colorado Statement on Biblical Sexual Morality*], una declaración que considero ha contribuido significativamente a esclarecer la confusión provocada por el silencio en nuestras iglesias. Para desterrar el mito inhibidor de que el sexo es en sí mismo pecaminoso, un tema indecoroso, no apto para ser discutido, lea la afirmación completa emitida por este consejo (vea el Apéndice 4).

¿POR QUÉ ESTOY HABLANDO DE SEXO?

Sin desestimar los casos relevantes de fracaso moral de parte de unos pocos líderes espirituales, la enorme mayoría de hombres y mujeres que conozco en el ministerio público son personas consagradas y profundamente comprometidas. No obstante, muy pocos tienen algo que decir con respecto al tema de nuestra sexualidad, de su origen divino, de lo enriquecedor de sus propósitos, y de la sabiduría que Dios brinda para evitar su contaminación, corrupción o aberración.

Entonces, ¿por qué hablo yo sobre este asunto? Es una buena pregunta. Muchas veces me la he planteado: «¿Por qué yo, Señor?» Hace más de cuatro décadas que me invitan a enseñar y hablar en diversas conferencias, en las circunstancias más variadas y a públicos de todas las edades: desde adolescentes y universitarios a adultos solteros y casados. Ya se trate de universidades o de iglesias, me solicitan que hable acerca de la sexualidad, como lo he hecho durante años desde mi propio púlpito.

He llegado a la conclusión de que tal vez el Señor me ha concedido la capacidad y la gracia para comunicar la Palabra de Dios con respecto a la bendición del sexo y la maldición destructiva de su «mala praxis». Es un privilegio especial poder servir y guiar a la gente hacia la verdad liberadora de Dios sobre este tema. No tengo motivos para sentirme orgulloso o engreído, pero sé que es parte de la tarea encomendada por la autoridad de su Palabra.

Hay dos factores que me posibilitan hablar con verdadera confianza y osadía acerca de por qué los pecados sexuales son peores que otros. El primer factor es que por la gracia de Dios —y deseo recalcar que es *por la gracia de Dios*— he llevado una vida sexual pura durante toda mi vida. Honro a Jesús, agradezco a mi Señor que aunque mi vida sexual no estuvo exenta de tentaciones, él me ha permitido mantener la pureza. Esto ha contribuido enormemente a mi sentido de libertad y de valor para tratar este tema.

Sin embargo, no es posible pasar por alto el segundo factor por el que puedo pronunciarme con autoridad pastoral y personal. Conozco la bendición de la enorme dicha que es estar unido a una sola persona durante toda la vida al estar casado con mi querida esposa, Anna. Cultivar nuestra relación nos ha llevado la vida entera, pero se ha dado en un contexto de fidelidad y pureza, y siempre acompañado del gozo genuino que Dios destinó para la unión sexual en el matrimonio.

A quienes quizá pregunten: «Pues, si nunca ha caído en una trasgresión sexual, ¿cómo puede comprender a las personas que sí han caído?» les respondería que puedo hacerlo porque (1) conozco mi propia posibilidad de fracasar y no me hago ilusiones creyendo que sea superior a otros, aunque me haya mantenido puro, y (2) comprendo efectivamente la *posibilidad* del fracaso. Después de haber tratado a cientos de personas que han fracasado, debido a la vulnerabilidad e imperfección humanas, uno aprende algunas cosas sobre el fracaso y acerca de la senda de recuperación y de sanidad.

¿A QUIÉN ME DIRIJO?

En primer lugar, es importante dejar en claro que al considerar por qué el pecado sexual es peor que otros pecados, encaro en principio el tema dirigiéndome a aquellas personas que ya se han entregado a Jesucristo. Esto no implica que el hecho de que los pecados sexuales sean peores que otros sea menos válido para algunas personas sino que, por el contrario, procuro evitar el malentendido de creer que quienes son culpables de pecado sexual han ofendido a Dios más que otras personas. Esto no es cierto de ningún modo, y deseo dejar este punto bien claro. No obstante, tengo en mente a un público formado fundamentalmente por aquellos que ya han aceptado a Cristo como su Salvador y que quieren estar bajo su señorío y cumplir su propósito en *toda* su vida, incluyendo su conducta sexual.

Quienquiera que lea estas palabras es semejante a mí: somos pecadores que necesitamos un Salvador. El significado de «pecado» es fácil de entender: es todo lo que hagamos que infrinja la voluntad de Dios y sus caminos, las benévolas leyes que él nos dio. A este respecto, la Biblia dice que cualquiera que falla en un punto ya es culpable de quebrantar toda la ley de Dios (Santiago 2:10); por ello se nos invita a todos a aceptar el inmenso ofrecimiento divino de misericordia, gracia y perdón por medio de su Hijo.

Ya que abriste este libro, sin duda estás interesado en considerar estos asuntos del corazón... deseas enfrentarte en serio con cualquier cosa que sea destructiva o contraria a una vida de realización y propósito. Si todavía no has abierto tu corazón al amor de Dios mediante el don de su Hijo, solo me cabe animarte a tomar pronto esa decisión. Puede ser que ahora —o quizá mientras continúas leyendo— estés más dispuesto a reconocer tanto la necesidad como la sabiduría de aceptar la vida, la gracia, el gozo y la esperanza de nuestro Salvador.

La necesidad crucial, tanto para ti como para mí, es el *arrepentimiento*: es decir, alejarnos del pecado. Como tal vez sientas la falta de fuerzas para hacerlo, la Biblia nos dice que necesitamos invocar al Señor para que nos salve. Como un moribundo o una persona ahogándose, necesitamos al Hijo de Dios —a Jesús mismo— quien murió por nosotros y que luego resucitó: Él puede salvarnos, perdonarnos y darnos una nueva vida. Por lo tanto, cuando estés dispuesto a dar este paso con él, recuerda que «todo el que invoque el nombre del Señor [de Jesús] *será salvo*» (Romanos 10:13, énfasis añadido). Con el fin de ayudarte, transcribimos una oración de salvación personal en el Apéndice 1. Mi oración sincera es que procures hoy mismo la salvación en Cristo, ahora mismo, en este punto de partida, ya que es obvio que estás receptivo y tienes inquietudes acerca de cómo ser una persona que evita la corrupción y que da pasos constructivos hacia adelante. Los primeros pasos principales que puedes dar son hacia Dios y hacia los propósitos para tu vida, comenzando por aceptar a su Hijo como tu Salvador.

Este libro está dirigido a aquellas personas interesadas en los caminos de Dios. Tu interés en el tema de la integridad sexual quizá obedezca a diversos motivos: trabajas con jóvenes, eres consejero en tu iglesia, tienes luchas con la tentación, has fracasado pero procuras reencaminar tu vida en la sabiduría de Dios, eres un estudiante con una mente sincera que desea conocer el bien y vivir en rectitud.

En lo concerniente a la integridad sexual, sin embargo, es fundamental tomar en serio tanto el don de nuestra humanidad como la claridad de miras que la mayordomía de nuestro cuerpo requiere, a la luz de la verdad de Dios, liberadora y completa. Esto conlleva a la cuestión del *discipulado*. Una cosa es creer en Jesús y confiar en él como nuestro Salvador; otra cosa completamente distinta es seguirle como un discípulo obediente y reconocerlo como nuestro Señor. En ambos casos, ya sea que seamos recién convertidos o que seamos discípulos en crecimiento, la Palabra de Dios es precisa al referirse a cómo usar nuestros cuerpos.

- Adoramos con nuestro cuerpo: «Ruego que cada uno de ustedes, en adoración espiritual, ofrezca su cuerpo como sacrificio vivo, santo y agradable a Dios» (Romanos 12:1).

- Nuestro cuerpo es templo del Espíritu Santo: «¿Acaso no saben que su cuerpo es templo del Espíritu Santo?» (1 Corintios 6:19).

- No debemos destruir este templo físico de Dios (1 Corintios 3:16-17).

- Como creyentes, cada uno dará cuenta de «lo que haya hecho mientras vivió en el cuerpo» (2 Corintios 5:10).

Estas verdades se conjugan para crear un requisito común a cualquier persona a quien le importe Dios y el regalo que nos hizo en su Hijo Jesucristo, y que realmente le interesen las demás personas.

ENFRENTAREMOS UNA REALIDAD QUE NOS OBLIGA A REFLEXIONAR

Hay un número sorprendente de cristianos que ignoran el hecho de que *compareceremos ante el Señor Jesús para ser evaluados y juzgados* —la última rendición de cuentas— conforme hayamos vivido y servido como seguidores de Cristo. Aunque todas las personas habrán de comparecer ante el gran trono blanco de Dios en el juicio final, la Biblia nos revela en Apocalipsis 20:11-15 que solo quienes no han creído, aquellos que rechazaron el divino camino de la vida en Jesús, serán juzgados por sus pecados. Los creyentes podemos estar agradecidos de que no seremos juzgados por nuestras transgresiones, porque la vergüenza y el castigo de nuestros pecados fue consumido por medio de la muerte de Jesús en la cruz. Sin embargo, de todos modos nos enfrentaremos con una realidad que nos obliga a reflexionar.

Cuando comparezcamos ante el Señor, la calidad de nuestros motivos, pensamientos y acciones será pasada por fuego: para discernir y revelar lo que cada uno hemos hecho con nuestra vida como creyentes.

Porque nadie puede poner un fundamento diferente del que ya está puesto, que es Jesucristo. Si alguien construye sobre este fundamento, ya sea con oro, plata y piedras preciosas, o con madera, heno y paja, su obra se mostrará tal cual es, pues el día del juicio la dejará al descubierto. El fuego la dará a conocer, y pondrá a prueba la calidad del trabajo de cada uno (1 Corintios 3:11-13).

Como veremos en el siguiente pasaje, no seremos *salvos por* nuestras obras, pero deberemos responder con respecto a cómo *servimos* a nuestro Señor *con nuestras obras*; y hay una referencia específica a la manera en que consideramos a nuestros cuerpos como *un don que nos dio para su gloria*.

> Por eso nos empeñamos en agradarle, ya sea que vivamos en nuestro cuerpo o que lo hayamos dejado. Porque es necesario que todos comparezcamos ante el tribunal de Cristo, para que cada uno reciba lo que le corresponda, según lo bueno o malo que haya hecho mientras vivió en el cuerpo (2 Corintios 5:9-10).

No hay nada en todo esto que pueda interpretarse como «salvación por obras», porque no se trata para nada de ser salvo o no. Sin embargo, es una realidad que nos obliga a reflexionar: en especial cuando debamos considerar los asuntos que como creyentes enfrentamos cuando procuramos seguir a Jesucristo en medio de un mundo lleno de mentes entenebrecidas y con un concepto tergiversado de la sexualidad humana. Si bien tenemos asegurado el perdón absoluto de todos los pecados que traigamos a la cruz, y conforme depositemos nuestra confianza en Cristo tenemos plena justificación solo por la fe, de todos modos deberemos comparecer ante Jesús para rendir cuenta de lo que hicimos con el don de vida que él nos dio. El gozo de la recompensa aguarda a los discípulos fieles; pocas veces se considera la realidad de perder la recompensa. Si nuestras obras, como siervos de Cristo, son madera, heno y paja, serán consumidas por el fuego, y aunque sufriremos la pérdida de la recompensa por la mayordomía fiel de nuestra vida, igualmente seremos salvos. Sin embargo, el discipulado fiel nos convoca a la integridad y a la pureza, a la devoción a Jesús y al placer de hacer su voluntad: las metas básicas de toda nuestra vida.

Hay pocas cosas en el mundo más insidiosas o tentadoras, desorientadoras o falsas, que el canto de sirenas que nos incita a la promiscuidad y la gratificación sexual, o a tener actitudes superficiales con respecto al sexo. No es por casualidad que la Biblia describe al espíritu de este mundo como el anticristo y la madre de las prostitutas (vea 1 Juan 4:3; Apocalipsis 17:5). El compromiso espiritual y sexual van de la mano en toda la Palabra de Dios, como también están unidos en los detalles prácticos de la vida cotidiana.

Por lo tanto, propongámonos examinar *Atracción fatal: ¿Por qué los pecados sexuales son peores que otros?* Como comenzamos con una nota de humor, para despejar del ambiente cualquier idea de que no seremos francos, concluiremos nuestra lección introductoria con una reflexión, para disipar cualquier idea de que no nos tomamos muy en serio nuestro compromiso.

Vale la pena el discipulado que implica vivir una vida de integridad sexual. Todos podemos ser fortalecidos para tener este estilo de vida con el poder que Dios nos infunde conforme nos disponemos a recibir la plenitud de su Espíritu Santo. Él ha prometido facilitar esta dinámica no solo para que nos mantengamos fieles y para establecernos «con gran alegría ante su gloriosa presencia» (Judas 24) sino también para ayudarnos a llevar una vida de saludable plenitud sexual. Este estado de salud traerá fuerzas y estabilidad a nuestra propia vida, y además nos dará las herramientas para ayudar a otros a navegar por las tormentas presentes de la confusión sexual.

Entonces, para esclarecer nuestro pensamiento acerca de la sexualidad como discípulos de Jesús, y traerle luz bíblica y salud, procedamos. Hay muchas razones por las que los pecados sexuales son peores que otros pecados, comenzando con el trágico impacto que el pecado sexual tiene en nuestro sentido de persona, en nuestra identidad como individuos.

CAPÍTULO 2

LOS PECADOS SEXUALES CORROMPEN LA RAÍZ DE LA IDENTIDAD INDIVIDUAL

Cuando los fundamentos son destruidos,
¿qué le queda al justo?
SALMO 11:3

El pecado sexual es el peor de los pecados porque básicamente corrompe la raíz de la identidad personal.

Me llevó un tiempo que contara su historia, pero frente a mí estaba sentada Edie, su larga cabellera castaña cayendo sobre sus hombros, sumida en un llanto de vergüenza y de humillación.[1] El recuerdo del abuso por parte de su hermano estaba tan profundamente enterrado en su memoria que casi se había convencido de que nunca había sucedido. Y lo que es quizá peor, en un proceso de racionalización, Edie pensaba que la violación de su hermano adolescente, cuando ella tenía apenas cinco años, en realidad no era un asunto muy grave. Me dijo que lo había perdonado, pero en realidad nunca había superado verdaderamente el perjuicio provocado.

Treinta años antes, en un viejo galpón en el fondo del patio de un vecino, la confianza de Edie había sido traicionada y su autoestima minada. Su hermano, a quien ella adoraba, la obligó a guardar silencio y la condenó así a creer que para ser amada debía permitir que la lastimaran. En la pubertad se inició muy precozmente en la actividad sexual, y de adulta, Edie sufrió un fracaso tras otro en sus relaciones, al punto de convencerse de que no merecía ser amada e incluso de que tal vez no valía la pena vivir. Ella es representativa de algo comprobado: los pecados sexuales, más que ningún otro pecado, corrompen la raíz de la identidad individual.

Un dato psicológico básico de la vida es que para la definición de nuestra personalidad no hay nada más fundamental que nuestros genitales. Cuando nací, el doctor no dijo: «Miren, aquí está Jack». El nombre me lo pusieron más tarde. A todos nosotros se nos identificó primariamente diciendo: «Es un varón» o «Es una niña», un hecho muy relacionado con el sentido profundo de quiénes somos, aunque la mayoría no esté dispuesta a aceptarlo. No se precisa trabajar mucho tiempo aconsejando a seres humanos quebrantados para comprender la tremenda sensación de pérdida y de aislamiento que resulta cuando la corrupción sexual agrieta los cimientos de la identidad de una persona.

En lo más profundo del corazón humano, estamos diseñados para reconocer este tipo de violación en el mismo momento en que acontece. La mayoría de nosotros tal vez recordemos la primera experiencia de desobediencia sexual, del tipo que fuere, que al principio pudo parecernos estimulante y excitante, pero que de forma rápida y abrupta se tornó en confusión y vergüenza. Sucede de diversas maneras: la joven en pleno desarrollo que se deja acariciar por primera vez o el joven que comienza a masturbarse. Ambas llevan, con su propia particularidad, la impronta del ciclo de descubrimiento explosivo que termina en humillación y culpa.

Esto no significa que todos hayamos incurrido intencionalmente en la inmoralidad sexual. Sin embargo, en un mundo de pecado, conformado en toda su extensión por una sociedad carente de valores morales, el impacto del pecado sexual, de una u otra forma, ha afectado nuestra vida. Y es posible reconocerlo desde el comienzo. El aviso está presente desde el inicio, antes de que los actos recurrentes cautericen la conciencia. Desde el primer momento nos damos cuenta de que la raíz de nuestra identidad ha sido manoseada impúdicamente; comenzamos a percibir un sentimiento de pérdida —un desmoronamiento, una gran tensión— cuando se envician y sacuden los fundamentos de quiénes somos como persona.

ABUSO SEXUAL INFANTIL

En la mayoría de las personas, el daño inicial a la identidad se produce durante la niñez, seguido por subsiguientes tiranías. Tal vez esto parezca una exageración, pero permítanme subrayar lo siguiente: ¡Todos hemos sido abusados sexualmente en la niñez! No me refiero necesariamente a la violación o el incesto, aunque he comprobado que hay muchos más casos en el mundo de los que jamás me hubiera imaginado encontrar mientras me preparaba para el ministerio público.

La forma primaria de abuso sexual a la que me refiero es el atropello de *una enseñanza pobre o carente de propósitos*. Esto abre todo el espectro posible de lo que aprendimos de niños hasta la educación sexual que ahora, de adultos, ofrecemos a nuestros hijos. En general, hay un rechazo de los padres a aceptar su responsabilidad de conversar con sus hijos sobre temas sexuales, y cuando lo hacen, se encara casi siempre con excesiva timidez o, por el contrario, con demasiada permisividad, o se es muy autoritario o demasiado pudoroso. Tal comunicación se torna ineficiente, abortando el objetivo propuesto, ya sea porque resulta irrelevante y fuera de sintonía con la cultura o porque se presenta con argumentos insuficientes para legitimar la visión bíblica.

Es necesario razonar con nuestros hijos sobre el sexo en el instante preciso que expresan interés o curiosidad acerca de su sexualidad, y además, conforme a las pautas de la Palabra de Dios. Algunos manuales dirán que es natural que un bebé se siente en su bañera y explore sus genitales, disfrutando de sensaciones agradables. Pero lo que los manuales nunca se molestan en decir es que la humanidad en su estado «natural» está caída.

Los hijos que tuvimos Anna y yo, como casi todos, tenían una tendencia natural a explorar sus cuerpos, y tuvimos que encargarnos de este asunto. Es normal que esto pase con todos los niños a la hora del baño por ejemplo, y el asunto debe tratarse con sencillez, sin escandalizarse, preocupándonos de no crear una atmósfera extraña en torno al tema. La mejor manera de comprender el pecado en los niños es comparándolo con los dientes. Un bebé al nacer no tiene dientes, pero al cabo de unos meses, estos habrán asomado y comenzado a trabajar. El pecado está presente en todos los niños, así como está presente en todo ser humano, y negarnos a tratarlo a tiempo abrirá la puerta a posibles daños en sus almas.

Sembrar miedos con respecto al sexo es otra forma de abuso que puede dañar la salud de la identidad del niño y empañar su futuro desenvolvimiento en el matrimonio. Estos miedos se generan frecuentemente en las niñas cuyas madres, por alguna razón u otra, temen su propia sexualidad. Las madres que tienen miedo de los hombres transmiten este sentimiento a la vida de sus hijas, de modo que luego, en la edad adulta, ellas no pueden participar de la plenitud de las posibilidades sexuales en el seno del matrimonio.

Una violación sexual sufrida en la infancia también puede tener un efecto devastador en la capacidad del hombre o de la mujer de gozar de salud sexual en el matrimonio. Una pareja cristiana, por lo demás muy feliz en su vida de casados, vino a consultarme hace muchos años porque parecía que la esposa había perdido todo interés en las relaciones sexuales. Mientras orábamos juntos, el Señor nos reveló un incidente que le había pasado a esta mujer cuando tenía once o doce años, en plena edad de desarrollo. Un día había ido de visita a la casa de un pariente que tenía piscina, y fue a una caseta a ponerse el traje de baño. Estaba desnuda, lista para ponerse el traje de baño, cuando se abrió la puerta y entró uno de sus tíos. La miró de arriba abajo y luego dijo una sola palabra: «Deliciosa». En ese preciso instante una niña inocente y vulnerable fue violada por el demonio de la lujuria que salió disparado de los ojos del aquel hombre. Décadas después esto afectaba su matrimonio.

LA TRAMPA DEL PECADO SEXUAL INFANTIL

Hay *pecados sexuales* que acontecen entre niños. Los chiquillos en sus juegos van a una pieza aislada, a un galpón, o se esconden entre los arbustos, y en esos momentos se pueden sembrar las semillas de un daño permanente, incluso en la relativa inocencia de sus palabras, toqueteo o actividad exploradora. Aunque no haya apasionamiento o relación sexual propiamente dichos, esos primeros encuentros dejan registros negativos en sus almas. Puede que la psicología contemporánea afirme lo contrario, pero en mi propia experiencia como consejero pastoral he verificado que incluso a muy temprana edad el niño siente que *algo está mal*. Esto puede ser el resultado de una concesión, cuando sienten que lo que hacían no estaba bien pero lo hicieron de todos modos, lo cual luego dará origen a un lazo esclavizante.

La Biblia dice que *el miedo crea un lazo o una trampa* (Proverbios 29:25). Satanás aprovechará el hecho de que dos pequeños se toquen brevemente los genitales una única vez para hacer surgir en esos hombres, ya de adultos y como corolario de ese encuentro aislado, la inquietud de ser homosexuales. Entonces si cualquiera de los dos alguna vez siente siquiera un afecto noble por otro hombre, la mentira del acusador insistirá: «¿Ves? ¡Efectivamente eres homosexual!» Tales pecados precoces, que invaden la inocencia infantil, generan una particular vulnerabilidad al engaño satánico. El engaño asume la forma de mentiras que resultan convincentes a la luz de una memoria lejana y los oprime: es la trampa que se colocó en su sitio con mucha anterioridad. De esta manera el enemigo de nuestra alma capitaliza los efectos de aquella trampa tendida en la niñez y descarga contra nosotros toda la culpa, rechazo y condena que sentimos.

LIBERACIÓN DE LA TRAMPA

Cuando conocí a Mike, acababa de acceder a su primer papel de relevancia en una película importante y estaba comprometido para casarse. Dotado con toda la buena presencia de una estrella de cine, sus facciones parecían esculpidas en finísimo mármol.

Cuando lo conocí era un discípulo consagrado de Jesucristo y un siervo del Señor. No obstante, conseguir la victoria en su vida le había costado mucho esfuerzo.

Dueño de una buena apariencia fuera de lo común, Mike de joven había sufrido las burlas despiadadas de los otros chicos que lo insultaban con todo el espectro vulgar y cruel reservado para los homosexuales. Aunque él no era homosexual, al pasar de la niñez a la pubertad el miedo y la vergüenza se multiplicaron en su corazón. Primero cayó en la masturbación y luego acabó en la homosexualidad tan temida cuando un chico mayor que él lo sedujo. Una vez que Mike traspasó los límites de su propia moral, su nuevo estilo de vida le pareció liberador. Estaba convencido de que esto era lo que debía ser, y el engaño se vio reforzado por un nuevo círculo de amigos que se definían a sí mismos (y a Mike) según sus propias reglas. Mike me dijo que por primera vez se sintió *aceptado*. Pero el poder del amor de Dios estaba a punto de manifestarse para revelarle el verdadero significado de ser aceptado.

Durante años, su madre había orado por él con constancia. Nunca lo había rechazado, aunque él sabía que tampoco aprobaba su confusión sexual. Cuando comenzó a despuntar el día de su liberación, Mike reconoció que el Dios viviente lo llamaba. El giro se produjo sentado en un bar, seguro de su éxito profesional y rodeado de muchos amigos que compartían su estilo de vida. De pronto, una conciencia interior lo sacudió hasta la médula: *si sigues viviendo así, vas a morir.* Mike quedó petrificado, aturdido por la repentina e inequívoca visión de que la persona en que se había transformado estaba destinada a la ruina.

La historia completa de la plena restauración de Mike es demasiado extensa para relatarla aquí, pero lo dicho basta para demostrar el hecho de cuán destructiva puede ser la huella que un abuso sexual en la juventud deja en la identidad de una persona. El equívoco de esa huella confundió a Mike con respecto a su virilidad y lo arrastró a una perversión. De adulto, mientras su verdadera personalidad ansiaba emerger, los sentimientos superficiales de éxito que parecía disfrutar estaban muy lejos de la plena realización de sus más profundos sueños y esperanzas. Cuando Mike se arrepintió y acudió al Señor, comenzó a transitar por el camino viable y seguro hacia la recuperación. Primero descubrió la confianza que trae el inmediato y absoluto perdón de Dios, y luego comenzó el proceso progresivo de permitir que el Espíritu Santo quitara los escombros de mentira y confusión acumulados. Cuando lo conocí, sus ojos estaban radiantes de luz y de paz.

Una vez que el pecado sexual contamina nuestra identidad, es posible invalidar toda una vida o desintegrar paulatinamente un futuro prometedor.

Cuando se hacen temblar los cimientos de la identidad de la persona, nos embarga una sensación de desarraigo: un distanciamiento de la fuente de la vida en las bondades divinas y un alejamiento de la plenitud de vida en los propósitos divinos. Una vez que el pecado sexual contamina nuestra identidad, es posible invalidar toda una vida o desintegrar paulatinamente un futuro prometedor. Si nos definimos en términos diferentes a los que el Creador concibió para nosotros, provocaremos inevitablemente una distorsión proporcional en cada aspecto de nuestra vida.

La mancha que opacó la vida de Mike, así como la de Edie, resultó de una violación sexual y un pecado sexual, y distorsionó su comprensión de quiénes tendrían que haber sido. Ellos se yerguen ahora como monumentos erosionados pero restaurados, como ejemplos de dos realidades: (1) de lo que el pecado sexual puede hacer para trastornar la identidad de una persona, y (2) de lo que la gracia de Dios puede hacer para renovar y recuperar la verdadera identidad mediante Cristo.

Quizá tú o alguien que conoces se sientan acosados por una humillante vergüenza, como Mike o Edie. Si es así, no hay por qué desanimarse, pues la Palabra de Dios declara que hay sanidad y esperanza. El punto de partida para cualquier tipo de liberación es *examinarse a sí mismo* (1 Corintios 11:28). Todos aquellos que enfrentan el daño provocado por la impureza sexual deben estar dispuestos a analizar francamente la corrupción o quebranto en su vida, ya sea por actos voluntarios o por el abuso de otras personas. El proceso tal vez sea doloroso, pero no hay cura posible sin un examen de la herida y sin retirar todos los factores subyacentes contrarios a la vida.

En segundo lugar, el Señor nos invita a acercarnos «confiadamente al trono de la gracia para recibir misericordia y hallar la gracia que nos ayude en el momento que más la necesitemos» (Hebreos 4:16). Para ayudarte a poner en práctica la verdad y las respuestas pastorales a cada tema específico tratado en este libro, encontrarás una oración muy útil al final de cada capítulo para *entregarte* al Señor, y además, para *cederle* todo residuo de esclavitud o pecado a cambio de la libertad, la plenitud y la pureza que son nuestro agradecimiento al sacrificio de nuestro Señor y Salvador Jesucristo.

Que la gracia de Dios te asista en tu búsqueda para recibir la ayuda de Dios o para ministrar esta ayuda divina que traerá esperanza y sanidad.

AYUDA PARA OBTENER ESPERANZA Y SANIDAD

Por lo tanto, si alguno está en Cristo, es una nueva creación.
¡Lo viejo ha pasado, ha llegado ya lo nuevo!
2 CORINTIOS 5:17

REFLEXIONO

¿Hay alguna experiencia sexual en mi niñez que no he querido recordar porque su memoria me resulta demasiado dolorosa y humillante? ¿Hago cosas a veces para ganarme el afecto de los demás porque en el fondo de mi ser siento que no merezco ser amado? ¿Estoy dispuesto admitir cualquier abuso sexual infantil que haya cometido?

ACUDO AL SEÑOR EN ORACIÓN

Padre Celestial, gracias por declarar en tu Palabra que ya no me defino por el pecado sexual que alguna vez manchó mi vida, porque ahora tengo nueva vida en Jesucristo. Te pido, Señor, que perdones mis pecados y yo a su vez perdono a quienes han pecado contra mí. Invito a tu Espíritu Santo a que penetre en cada rincón oscuro de mi alma, para que lo ilumine con la luz y la vida de Jesucristo y para que tu identidad se forme en mí. Señor Jesús, trae sanidad y restauración a mis relaciones con los demás en la medida que yo me aparto de aquellas cosas que me han esclavizado, y conforme camino en la libertad para la que Cristo me hizo libre (Gálatas 5:1). En tu nombre bendito oro. Amén.

CAPÍTULO 3

LOS PECADOS SEXUALES SE APROVECHAN DE LAS EMOCIONES MÁS PROFUNDAS

¿Puede alguien echarse brasas en el pecho sin quemarse la ropa?
¿Puede alguien caminar sobre las brasas sin quemarse los pies?
PROVERBIOS 6:27-28

Sumado al daño infligido a nuestra identidad, los pecados sexuales son peores que otros pecados porque se aprovechan de las emociones más profundas. La siguiente carta que recibí es reflejo de la distorsión y el abuso que generan los pecados sexuales.

Querido Pastor Jack:
    Mi novio Donny dice que si Dios no hubiese querido que hiciéramos el amor, no nos dejaría sentir todo lo que sentimos el uno por el otro. Además, la Biblia dice que el amor perfecto echa fuera el temor, así que Donny

piensa que no deberíamos tener miedo de expresar el amor que nos tenemos el uno al otro. Yo quería esperar hasta el matrimonio antes de tener sexo, pero él dice que mientras estemos enamorados de verdad, no hay nada de malo. Hace cinco años que venimos saliendo juntos, y deseo muchísimo ser su esposa, pero somos jóvenes (yo tengo veinticinco años y él veintiocho) y Donny dice que necesitamos más tiempo antes de dar el siguiente paso. No sé cuánto más debamos esperar, y para ser sincera, ya no estoy tan segura de estar haciendo lo correcto ante Dios.

Lauren

Las trampas tendidas por Satanás en nuestra niñez nos predisponen a sufrir los ataques más viciosos en los años con fuerte carga emocional como son los de la adolescencia y la madurez. Además de esclavizarnos, corrompen nuestro discernimiento y nuestra capacidad para ejercer la sabiduría. Las influencias culturales que aguardan a los jóvenes de hoy fomentan las experiencias sexuales y la experimentación como medio para alcanzar la realización en la vida y ser aceptados; y el matrimonio y el compromiso, en la mayoría de los casos, quedan relegados prácticamente a una irrelevante posibilidad futura... «si las cosas salen bien». El cine, la televisión, la publicidad, la Internet y las canciones populares contribuyen a crear una perspectiva mítica y tergiversada de las relaciones humanas y de la conducta sexual. Incluso las hermosas baladas que hace años disfrutaba mi propia generación ya trasmitían un elemento de atadura demoníaca en las letras que glorificaban el encantamiento (que es una forma de brujería) y romantizaban el dolor y el sufrimiento de un corazón roto. Alimentada sobre la base de una dieta pobre de la cultura mundana con respecto a las actitudes sexuales, la juventud llega emocionalmente mal equipada a la edad adulta; su capacidad de discernir las cualidades propias que vale la pena desarrollar ha sido neutralizada (sin mencionar aquellas de valor genuino y duradero hacia los demás). Cuando llega el impacto de la pubertad, los jóvenes se encuentran por desgracia mal preparados para soportar los embates de las influencias destructivas —sociales, educativas, emocionales y fisiológicas—, todas las cuales por lo general los arrastran hacia el pecado sexual.

FUIMOS CREADOS A IMAGEN DE DIOS

Una clave para entender el evidente quebranto que acompaña el rendirse a la inmoralidad sexual es la percepción que tenemos de nosotros mismos, porque, precisamente, no nos reconocemos como criaturas hechas a la imagen de Dios. Que la humanidad entienda esto es prioritario, como ya se establece desde Génesis: «Y Dios creó al ser humano a su imagen» (Génesis 1:27). Se refuerza luego cuando Dios redime nuestra vida porque aceptamos al Salvador, a nuestro Señor Jesucristo, al que la Biblia declara «la fiel imagen de lo que él [Dios] es» (Hebreos 1:3) y a cuya imagen nos «predestinó a ser transformados» (Romanos 8:29).

En el transcurso de muchos años de consejería pastoral me resulta claro que con respecto al pecado sexual, tanto el seductor como el seducido son personas con identidades inmaduras y sin fundamento en la imagen de Dios. Esto las convierte en presa fácil de expresiones falsas y engañosas de valoración personal.

Puesto que no hay nada más provocativo, física y emocionalmente, que nuestra sexualidad, y ya que básicamente todas las restricciones en cuanto al sexo se han evaporado de nuestra sociedad, el enemigo de las almas usa nuestra sexualidad como un medio para desintegrar aun más todo sentido de lo que somos. El goce sexual se presenta de forma engañosa como el medio físico de demostrar el valor (o las proezas) de un individuo, y con ello se abusa emocionalmente de aquellas personas desesperadas por sentir que son realmente importantes para alguien y que ansían ser amadas. Todo el atractivo de la súplica: «Si realmente me amaras, lo harías», es efectivamente un reto. Con estas palabras se enfrenta a las personas que no saben lo que «realmente» sienten y se les plantea la exigencia de probarse a sí mismas, forzándolas a someterse a la voluntad del que las presiona y a sacrificar su propio derecho a elegir.

Los individuos seguros de su verdadera identidad, aquellos que saben con certeza que son la imagen de Dios, no sienten la necesidad de probarse a sí mismos: no necesitan agregar experiencias sexuales, como si se tratara de coleccionar figurillas para un álbum, ni permitirán que nadie abuse de su cuerpo, sus valores y su persona. Aunque hay muchas características de nuestra vida que nos identifican —el estado civil, la nacionalidad, los dones o el trabajo—, la única base sólida sobre la cual puede descansar nuestra identidad y en la que debemos basar la imagen que tenemos de nosotros mismos es en lo que somos en Cristo Jesús.

El mundo actual está inundado de imágenes que imponen la falsa noción de que la identidad radica en el cuerpo físico y de que la aceptación y el valor de una persona dependen del atractivo sexual. Estas mentiras son tan groseras que casi sería innecesario referirse a ellas; sin embargo, en lo profundo de la mente y el corazón de muchas personas estos engaños originan un quebrantamiento emocional, lo que es evidente si se considera los millones de dólares que el consumidor gasta para verse o sentirse *sexy*. Quienes hemos llegado a conocer a Jesucristo como nuestro Señor y Salvador tenemos la autoridad para contender contra esta avalancha de falsedad sosteniendo que hay solo una identidad que se mantiene firme: nuestra identidad en Cristo Jesús, por quien somos aceptados por nuestro Padre Dios. Como expresa el viejo himno, todo otro fundamento es arena movediza.

Contrariamente a la confusión acerca del amor que embargaba a Lauren (y en total discrepancia con la manipulación egoísta de su novio Donny), el amor genuino y una relación no matrimonial no requieren de expresión sexual para su realización. Lo repito: el amor genuino y una relación no matrimonial no requieren de expresión sexual para su realización. Aun si se casaran, y las estadísticas contradicen dicha posibilidad, la violación premarital de la ley de Dios habrá privado a Donny y Lauren de experimentar esa «delicia», que nuestra sociedad considera radical, y esa noble satisfacción de llegar vírgenes al matrimonio para contraer los votos matrimoniales con pureza. Por desgracia, esta joven pareja ya es una baja provocada por las falsas seducciones del mundo.

> *El amor genuino y una relación no matrimonial no requieren de expresión sexual para su realización.*

TODOS DESEAMOS SER AMADOS

Las emociones son una de las expresiones más poderosas de nuestra alma, y como tal, nos hacen terriblemente vulnerables como seres humanos. No hay nadie que no crezca anhelando ser amado. El deseo natural de ser amados es un reflejo de la profundidad del compromiso de nuestro creador celestial y de su favor hacia nosotros. Aunque casi todas las personas son conscientes del deseo de ser amadas, los corazones de innumerables hombres y mujeres han sido dañados por abusos y opresiones pasados. En consecuencia, la idea de cómo y dónde satisfacer ese deseo se confunde o corrompe fácilmente. El dicho «siempre busca el amor en el sitio equivocado» es un cliché, y sin embargo, nada más acertado para describir el problema de muchos. Más allá de las burdas y pervertidas expresiones de relaciones que se presentan como normales a través de los medios y la filosofía popular, en lo profundo de cada corazón siempre habrá ese anhelo por encontrar a aquella persona *especial y única*... una que me ame más que a nadie y que esté dedicada a mí y solo a mí. El paisaje cambiante de nuestra sociedad ha reducido las posibilidades de tener relaciones familiares sanas y plenas, que brinden el amor que da seguridad y afirmen la identidad de las personas, el tipo de amor que sea un ancla para el alma a fin de que no vaya en busca de relaciones anormales o indignas. Sin embargo, el corazón humano es hoy lo que siempre ha sido: algo diseñado por Dios para experimentar su amor, no solo personalmente con él, sino también en relaciones puras con otras personas.

Contrariamente a las ideas que «le han vendido» a la sociedad, el romper con todas las reglas sexuales y tabúes no nos ha traído más libertad, sino solo más esclavitud y sufrimiento. La falta del conocimiento de la verdad y de la sabiduría de Dios sobre el tema hace que muchísimas mentes sinceras se nublen en confusión. Muchos ya son esclavos cuando llegan a la edad adulta, son incapaces de salir a flote del naufragio producido por la llamada revolución sexual. La búsqueda de la genuina realización por la que suspira cada corazón es una tarea abrumadora, incluso para los creyentes en Jesucristo.

Como pastor he tenido el privilegio de atender a gente sumida en la aflicción y el sufrimiento, envueltos en el pecado sexual, almas preciosas que han caído presas del engaño de falsas promesas. La actividad sexual despierta nuestras pasiones más profundas, y por ello también nos expone a mayores riesgos de abusos y daño emocional. El eje de la historia de Lauren es la explotación de la necesidad de amor y aceptación de cada ser humano. Lo mismo es cierto en los casos de Edie y Mike, cuyas historias relaté en el capítulo 2. Se entregaron a otra persona, sintiendo que hacían mal pero vencidos por el vacío de amor y de sentido de aceptación que había en sus almas. Toda persona vilmente tentada o golpeada hallará en la Palabra de Dios un valioso consejo para defender esta faceta de nuestra personalidad que es tan inerme y vulnerable. «Por sobre todas las cosas cuida tu corazón» (Proverbios 4:23). Sin embargo, por desgracia, estas palabras se escuchan casi siempre cuando ya es demasiado tarde.

Dudo que haya alguien que no conozca cómo se siente un corazón destrozado por la traición o el rechazo. Esta agonía se eleva al cuadrado en las almas de quienes además están involucrados en vicios sexuales. La culpa los atormenta. Esto es cierto tanto para la gente ajena a Cristo como para los creyentes en Jesucristo que con el paso de los años, hallándose todavía solteros, han sido engañados y han comprometido su pureza. Lamentablemente, lo que esperaban conseguir se transforma en pérdida cuando descubren que la prometedora relación de la noche anterior se evapora con la luz matinal. Semejante dolor es lacerante. Hay almas preciosas que, además de haber sido lastimadas y laceradas por las personas en quienes confiaban, cargan con la vergüenza y el distanciamiento porque rompieron su compromiso con el Dios viviente.

La impureza sexual no solo mata algo en la víctima del abuso sino que también golpea al seductor. Los manipuladores como Donny se vuelven duros y enviciados, cada vez menos capaces de experimentar el amor verdadero y la plenitud. Con el tiempo, si el daño no se trata, irá en aumento la conducta recurrente y las actitudes destructivas en una o ambas partes. Al rechazar o no haber aprendido nunca la sabiduría de los caminos de la plenitud de Dios, tanto el seductor como el seducido se encontrarán probablemente en un camino emocional sin salida.

Pero por favor, digan conmigo: «¡Aleluya!» Nuestro Dios es un glorioso redentor, plenamente capaz de restaurar y recuperar hasta las almas más heridas. Él está siempre dispuesto a darnos plenitud en Jesucristo y así asentar un sólido cimiento para el futuro. Con ello se podrán construir muros defensivos que nos permitan discernir y defendernos de las tácticas mezquinas de feroces enemigos: nuestra propia naturaleza débil y nuestro poderoso adversario. No hay cadenas que Dios no pueda romper, ni herida que no pueda curar. Para aquellos que anhelan ser amados pero no saben cómo conseguirlo, el Espíritu Santo de Dios no solo les hará sentir el perdón purificador a través de la cruz de Cristo, sino que además restaurará y reconstruirá el templo derruido de su alma y lo transformará en una morada gloriosa donde habite el amor de Dios.

AYUDA PARA OBTENER ESPERANZA Y SANIDAD

No amemos de palabra ni de labios para afuera, sino con hechos y de verdad. En esto sabremos que somos de la verdad, y nos sentiremos seguros delante de él: que aunque nuestro corazón nos condene, Dios es más grande que nuestro corazón y lo sabe todo.

1 JUAN 3:18-20

REFLEXIONO

¿He dejado que alguien abuse de mí sexualmente porque temía que nadie me amaría si no lo hacía? ¿Me he aprovechado sexualmente de alguien, y no obstante, hasta ahora no lo he querido reconocer? ¿Qué alternativas al amor pleno de Dios he buscado, frustrando así mis propias metas, mi compromiso y el de otros?

ACUDO AL SEÑOR EN ORACIÓN

Señor, tú conoces el comienzo y fin de mis días (Apocalipsis 1:8). Perdóname por las veces que desprecié la sabiduría y seguí al seductor de mi alma hasta las puertas de la muerte emocional. Te pido perdón por aquellos que lastimé y declaro que perdono y libero a los que me han lastimado. Mi oración es que el Espíritu Santo entre en los vacíos de mi vida y los llene con la plenitud de tu amor y una pasión por tu pureza. Me comprometo a andar en tu sabiduría y en tu camino. En el nombre de Jesús, amén.

CAPÍTULO 4

LOS PECADOS SEXUALES CONTAMINAN LA FUENTE DE LA CREATIVIDAD

Y Dios el Señor formó al hombre del polvo de la tierra,
y sopló en su nariz hálito de vida, y el hombre se
convirtió en un ser viviente.
GÉNESIS 2:7

Los pecados sexuales son peores que otros pecados porque, en tercer lugar, contaminan la fuente primaria de nuestra creatividad.

La Biblia dice que Dios creó al hombre a su imagen, y según el texto hebreo exacto, respiró en él aliento de *vida*. Dios ha derramado mucho de su semejanza y persona en nosotros, incluso el asombroso poder de crear vida y de hacerlo a voluntad. Literalmente, con este don del Creador somos capaces de dar origen a *seres eternos*. Como creyentes en Cristo Jesús, somos llamados a ser administradores de esta capacidad dadora de vida. Debido a este privilegio divino de *engendrar vida*, el adversario de nuestras almas ataca con saña nuestra sexualidad. Estoy convencido de que su odio a la humanidad se debe en parte a nuestra capacidad de engendrar seres a imagen de Dios (aunque de momento esa imagen se encuentre dañada).

El drama de los siglos, la guerra entre el bien y el mal, es una lucha entre la voluntad de Dios y las artimañas de Satanás. En el medio está la humanidad, en constante multiplicación, tanto para beneficio eterno como para perdición eterna. Como para el desenlace de esta guerra es fundamental cuántos se salvarán, nuestro enemigo no dudará en arruinar la vida desde su concepción; si puede asestar un golpe de corrupción en el origen mismo de nuestra vida, lo hará.

Como creyentes en Cristo, además de la capacidad divina de *engendrar* una vida humana tenemos la responsabilidad de vivir conforme a las disciplinas a las que Jesús nos ha llamado. Estas incluyen tener una vida caracterizada por una sexualidad pura y fiel, y criar a nuestros hijos para que conozcan y amen al Señor, logrando así aumentos radicales en la cantidad de los que han de ser salvos.

TRASMISIÓN DE LA HERENCIA ESPIRITUAL

Los padres de Billy atravesaron un divorcio penoso cuando él tenía nueve años. Aunque la infidelidad de su esposo la había dejado devastada, su madre intentó criarlo en la fe. Pero Billy adoraba a su padre y esperaba con ansias los fines de semana que pasaba con él. A pesar de que cuando visitaba a su padre había en ocasiones una mujer distinta en la casa, ella era relegada para que el padre y el hijo pudieran salir y divertirse juntos.

Cuando Billy llegó a la adolescencia, el sexo pronto se integró a la «recreación», acompañado solo de la advertencia del padre de que usara condones para protegerse. Sin embargo, ya de adulto, Billy se percató de que nunca podía desarrollar relaciones saludables y duraderas con las mujeres, y sus relaciones con los hombres se limitaban a amistades competitivas. Cuando el hijo adulto perdió la atención del padre, Billy se encontró perdido.

La historia de Billy no es solo una ilustración sino que es también una imagen triste —muy triste— de algo que se repite millones de veces a nuestro alrededor. Como padres aportamos más que los genes biológicos a nuestros hijos; tanto nuestro carácter como nuestras acciones crearán un *escudo* de sabiduría y devoción que los protegerá, o por el contrario, los *despojará* de su integridad y entereza, como los árboles pierden sus hojas en el otoño.

No quiero condenar a nadie ni me creo superior a otros cuando expreso lo siguiente, pero estoy convencido de que es importante que lo diga. Con humildad, me siento feliz delante de Dios al poder testificar a mis cuatro hijos: «Ustedes son el fruto del amor recíproco entre su madre y yo; un amor que nunca se vio mancillado con ningún otro. Nacieron por la sociedad de dos cuerpos, que en su afecto del uno por el otro, su compromiso y su unión, los engendraron como seres humanos puros. Cualesquiera sean sus imperfecciones, ustedes no llegaron al mundo por las puertas de unos cuerpos sucios y mancillados por haberse involucrado con otros».

En mi libro *La bendición de tus hijos* [Blessing Your Children] hablo acerca de la herencia espiritual que legamos a nuestros hijos. La herencia espiritual es tan real como el ADN que determina nuestras características biológicas. Entre las historias que leemos en las Escrituras, las vidas de Lot y de David están llenas de evidencia indiscutible de por qué los pecados sexuales son terriblemente dañinos, no solo para el que los comete sino también para las generaciones posteriores. La Biblia es la Palabra de Dios, en ella tenemos las leyes acerca de cómo deberíamos vivir para tener la máxima satisfacción, así como también la *historia* que nos provee pruebas documentales acerca de gente común y corriente, como tú o yo, que cayó en pecado sexual y ocasionaron daño y sufrimiento a las generaciones futuras.

Cuando nacemos de nuevo en Jesucristo, Dios planta en nosotros su semilla espiritual. El cuidado (o falta de cuidado) de esa semilla determina tres cosas: si creceremos con salud o torcidos; si como sus discípulos llevaremos fruto; y si ese fruto será dulce o amargo, nutritivo o pobre. La vocación de cada creyente es responder al llamado de comprometernos a *vivir* y *amar* dentro de la ley del Creador y según los términos de nuestro Salvador. Conforme el adversario continúa su avance insidioso en tantos puntos del mundo actual, cavando canales destructivos en la sexualidad humana, seremos sabios si *recibimos* y *aplicamos* la sabiduría de la verdad de Dios en nuestras vidas.

Todos los tipos de pecado, pero en particular los pecados sexuales, envenenan la raíz de nuestra identidad, humanidad y creatividad. La contaminación del pecado trunca o entorpece el crecimiento de estos aspectos de nuestra personalidad. La salud, la vida y la eficacia se debilitan o languidecen; y si llevamos fruto, muchas veces ese fruto está contaminado con el sabor agridulce de nuestro fracaso, o transmitirá cosas que distan de ser nutritivas.

Dios desea que podamos hallar el punto de encuentro de nuestras capacidades físicas y espirituales. Si no aprendemos la *disciplina* de los caminos de Dios con respecto a la sexualidad (que es parte de su diseño creativo en nosotros), nunca conoceremos la *gloria* de su creatividad operando en nuestra dimensión espiritual. La disciplina de mi vida —la capacidad sexual de engendrar vida según el ordenamiento divino— no solo traerá una extraordinaria satisfacción sexual a mi vivir, sino que también me liberará para tener una «vida nueva» que, al ser un instrumento de la voluntad creativa de Dios, genere una nueva dimensión de espiritualidad en mi vida.

> *Si permitimos que los pequeños atracos de Satanás queden sin castigo, luego nos desvalijará de todo lo que nos importa.*

Jesús dice que el ladrón viene a robar, matar y destruir (Juan 10:10). Por desgracia, si permitimos que los pequeños atracos de Satanás queden sin castigo, luego nos desvalijará de todo lo que nos importa: ese coqueteo aparentemente inocente en la Internet que destruye un matrimonio; la mirada casual de pornografía en un quiosco de revistas que lleva a un hombre a encerrarse en el gabinete sanitario; el detenerse un momento, mientras cambiamos de estación para decidir qué mirar, en un canal de sexo explícito en la televisión por cable, que somete la mente al espíritu de la pornografía. Para mantenernos firmes como discípulos del Señor Jesucristo es imperioso proteger el corazón y la mente; todos somos igual de vulnerables a pasar por alto las «pequeñas» indiscreciones que a la larga contaminarán la fuente primigenia de nuestra creatividad y trasmitirán la herencia de ese fracaso a nuestros hijos.

AYUDA PARA OBTENER ESPERANZA Y SANIDAD

Cristo nos rescató de la maldición de la ley al hacerse maldición por nosotros, pues está escrito: «Maldito todo el que es colgado de un madero.»

GÁLATAS 3:13

REFLEXIONO

¿Cómo he cuidado (o descuidado) la semilla que Dios plantó en mí? ¿Conozco niños que están creciendo «torcidos» por el pecado sexual de sus padres?

ACUDO AL SEÑOR EN ORACIÓN

Señor Dios, en el nombre de Jesús, asumo la autoridad sobre todo elemento demoníaco que haya intentado invadir a mi familia y sobre el pecado que le dio origen; declaro ahora mismo que por la sangre de Jesús ya no ejercerán su dominio en nuestra vida. Donde mi pecado haya abierto una entrada para que Satanás acose a mis hijos, la cierro en este momento; y por medio de mis acciones, pensamientos y oraciones de hoy en adelante, me empeñaré en ser puro para permitir que tu semilla florezca en todos nosotros. Gracias por el poder de tu reino y la autoridad que me has dado a través del sacrificio de tu hijo Jesucristo y por medio del Espíritu Santo. Heme aquí, como fiel discípulo tuyo, creciendo recto y firme en ti, por tu vida que vive en mí y que fluye a través mío hacia los demás. Amén.

CAPÍTULO 5

LOS PECADOS SEXUALES PRODUCEN CULPA QUE DESGASTA LA CONFIANZA Y LA AUTORIDAD

*Los que practican tales cosas [las obras de la carne]
no heredarán el reino de Dios.*
GÁLATAS 5:21

La próxima razón de por qué los pecados sexuales son peores que otros pecados es que producen un sentimiento de culpa que desgasta la confianza y la autoridad. Este asunto tiene relevancia particular para todo creyente que desee servir a Cristo, ya sea en el ministerio público o en el ministerio restringido a su propia área de influencia.

Elliot tenía casi treinta años y un futuro prometedor en el ministerio. Poco antes de una conferencia regional sobre liderazgo me escribió a la oficina solicitándome unos minutos para conversar con él durante mi estadía. Me dijo que sentía un fuerte llamado de Dios a alcanzar las almas más lastimadas de los barrios céntricos pobres y que le habían ofrecido el puesto de pastor adjunto en una iglesia cercana. Nos reunimos temprano en la cafetería del hotel para desayunar juntos y nos sentamos en un rincón al fondo del salón para hablar en privado.

«Pastor Jack», dijo Elliot, «llevo mucho tiempo entrenándome con el objetivo de estar listo para cuando surgiera esta oportunidad ministerial, pero hay algo que todavía me detiene de dar este paso. Me pareció que se lo podía confiar a usted.

»Cuando estaba por egresar de la universidad, me hice compañero de estudios de una joven de mi clase. No es que fuera despampanante o que yo estuviera en busca de una aventura sexual, pero sintonizábamos increíblemente al estudiar juntos. Al avanzar el año escolar, empezamos a ir juntos a los partidos de fútbol y finalmente empezamos a vernos por la noche a solas, sin libros, sin biblioteca, sin multitudes en el estadio, solo para conversar.

»Durante todos mis años de secundaria había resistido la tentación, incluso cuando los demás muchachos me presionaban para que empezara a "hacerme hombre". Nunca cedí porque sabía que tenía un llamado en mi vida a servir a Jesús. Pero una noche, estando solo con esta chica con la que me sentía tan conectado, todos los impulsos que alguna vez había sentido afloraron, y la besé. De pronto fue como si todas las barreras se derrumbaran. Ambos éramos vírgenes, pero como había ganado su confianza, se dejó convencer de que estaba todo bien y tuvimos relaciones sexuales. Cuando acabamos, nada volvió a ser igual. En realidad, ni bien tomé la decisión de hacerlo, mi alma sintió como si una bomba explotara y una guerra estallara dentro de mí, pero para entonces ya no podía detenerme. Para empeorar las cosas, como era de esperarse, ella supuso que era mi novia, pero yo no la pude mirar más a los ojos».

Los ojos de Elliot se llenaron de dolor. «Pastor Jack, me he acercado al Señor muchas veces. Esto sucedió hace seis años. Aunque sé que Dios ha perdonado el horrible daño que le hice a esa joven y me ha perdonado por mancillar mi propia pureza, no puedo librarme del sentimiento de condena que siento en el alma.

»Después de la graduación, intenté encontrarla para disculparme y pedirle perdón, pero parecía que se hubiera desvanecido. Aunque nunca más me permití caer otra vez de esa forma, hasta el día de hoy todavía siento una tremenda carga. Cada vez que subo al púlpito, cada vez que miro los rostros de los quebrantados a quienes Dios me envía a ministrar liberación y salvación, me considero descalificado para defender una vida y práctica espirituales, siento que soy un actor haciendo el papel de predicador. Es peor que el simple temor a ser expuesto como un fraude moral. Siento que efectivamente *soy* un fraude. Sé que es absurdo, pero no me puedo quitar la idea de la cabeza. Sé que Cristo me ha perdonado pero la figura de la mujer de la que abusé parece permanecer en mi recuerdo como un dedo acusador. Por eso lo quería ver. Me he estado cuestionando seriamente si merezco continuar en el ministerio público».

FRUSTRADOS POR EL ENEMIGO DE NUESTRAS ALMAS

Muchos cristianos padecen este síndrome, un «virus» de culpabilidad implacable que no ceja. Más que ningún otro tipo de pecado, el pecado sexual produce un sentimiento de culpa que invalida la confianza y autoridad del creyente. De todos los temas que me plantea la gente, nunca nadie me ha dicho:

«Pastor Jack, no me puedo sacar de encima los sentimientos de culpa y condena porque solía insultar» o «...porque solía robar de los estantes de los supermercados» o «...porque realmente odiaba a mi tío Carlos». Pero son incontables las veces que he atendido a personas que,

- a pesar de caminar con Cristo,
- a pesar de que sus pecados han sido perdonados y están libres de las consecuencias de diversos fracasos que caracterizaban sus vidas,
- a pesar de no dudar de que la Palabra de Dios dice que han sido perdonados,
- a pesar de que Dios alejó sus transgresiones tanto como el oriente está alejado del occidente,

permanecen aún atrofiadas por un sentimiento de condena originado en el pecado sexual que cometieron.

Esta procesión de sufrimiento y heridas que durante décadas ha pasado por mi oficina pastoral despierta mi vehemencia por el hecho de que los pecados sexuales *no* son iguales a otros pecados, sino que son en realidad peores. Me duele ver cómo tantos creyentes arrastran la carga paralizadora de la culpa y el sentimiento de condena, incluso mucho después de haber recibido la liberación de Dios de toda humillación y culpabilidad.

En general, este sentimiento de culpa y vergüenza no persiste porque los individuos no comprendan el perdón de Dios; persiste debido a dos dinámicas: en primer lugar, a la brutalidad del adversario, y en segundo lugar, porque nuestra sexualidad es vulnerable a heridas psicológicas propias. La Biblia dice que Satanás, el «acusador de nuestros hermanos» (Apocalipsis 12:10), es *implacable*: nos acusa día y noche pese a la gracia y la bondad divinas. Además, cuando las personas se rinden ante el pecado sexual, es común que algo concreto se aloje en sus almas, algo se fija en su psiquis, como un monumento a su fracaso.

Muchos creyentes, como Elliot, aunque se hayan apartado de ese pecado y nunca más hayan recaído en él, experimentan una sensación amenazadora de condena que los acecha y persigue durante *años*, inhibiendo cualquier esperanza de experimentar de verdad una vida en Cristo totalmente pura, libre y dinámica. Sus relaciones muchas veces son desapasionadas o neutras. No pueden avanzar en el servicio al que Dios los ha convocado como canales rebosantes de gracia y vida divina para los demás.

En contraposición, la Palabra de Dios declara que el destino de *todo aquel* cuya vida ha sido redimida por la sangre de Jesucristo es el de ser «reyes y sacerdotes» (Apocalipsis 1:6), instrumentos certificados y habilitados de la gloria y bondad del Señor, que ministran a los demás el dominio de Dios aquí en la tierra. Esta promesa y el potencial que encierra no se restringen a los líderes cristianos que estudian para el ministerio pastoral. Es para ti, amado en Cristo. Gente como *tú*: el chofer de autobús, la mamá que corre todo el día de aquí para allá, el empleado de la oficina, el maestro, la doctora, el técnico informático o el cajero del supermercado. Tu campo misionero es tu familia, tu trabajo, la ciudad donde vives, tus vecinos y la gente con quien te cruzas cada día. La vida del reino —la vida del reino de Cristo de reyes y sacerdotes— es el fruto del discipulado fiel de cada uno de los que invocamos el nombre de Jesús. Sin embargo, nada parece truncar tan eficazmente este discipulado como el martilleo de las mentiras del enemigo: un «ministerio» que Satanás lleva adelante incansablemente para acosar nuestra alma con la culpa y la condenación e intimidarnos para que no prosigamos con valentía un ministerio lleno del Espíritu.

Despojados del gozo de nuestra salvación

¿No saben que los malvados no heredarán el reino de Dios? ¡No se dejen engañar! Ni los fornicarios, ni los idólatras, ni los adúlteros, ni los sodomitas, ni los pervertidos sexuales, ni los ladrones, ni los avaros, ni los borrachos, ni los calumniadores, ni los estafadores heredarán el reino de Dios. Y eso eran algunos de ustedes.

1 Corintios 6:9-11

El apóstol Pablo, al escribir aquí sobre los «malvados», se refiere al conjunto de creyentes que vivían en una ciudad famosa por su gran inmoralidad sexual. Presenta un catálogo de pecados que describen la impureza sexual y dice que los que cometan dichos pecados serán desheredados del reino. ¿Esto significa que las personas que se involucren en un pecado sexual perderán su salvación? No, más bien lo que dice la Palabra de Dios es que el pecado sexual anula la confianza, la autoridad, el poder y la bendición del reino, como lo hicieron en la vida de Elliot. El pecado sexual tiende a apagar el gozo de la salvación de Dios en nuestra alma, robándonos «la fortaleza del gozo del Señor» (Nehemías 8:9-12).

Elliot no fue el primero en seguir recibiendo golpes mucho después de un fracaso y su subsiguiente arrepentimiento. Un año entero después de su grotesco pecado sexual con Betsabé, David apeló al Señor como alguien que tiene un *pacto* con Dios; en otras palabras, como alguien que es salvo.

Él dice: «Devuélveme la alegría de tu salvación» (Salmo 51:12). Estas son las palabras de un hombre que conoció el corazón de Dios más que ninguno, y sin embargo, aún cargaba la vergüenza y el dolor de su fracaso. ¿Cómo es posible dudar de que los pecados sexuales son brutales, máxime cuando un hombre tan poderoso y conocedor del corazón de Dios como David, y habiendo ya transcurrido un año de haber pecado, todavía luchaba con la culpa y la vergüenza?

«Borra mis transgresiones», suplicaba David. «Lávame de toda mi maldad y límpiame de mi pecado. Yo reconozco mis transgresiones; siempre tengo presente mi pecado … Crea en mí, oh Dios, un corazón limpio» (Salmo 51:1-3,10). A nadie que haya entregado enteramente su corazón al Señor se le negará dicha restauración y avivamiento. No obstante, el testimonio de David nos recuerda que aunque no perdamos nuestra relación con Dios, si como creyentes tenemos tan solo un *instante* de fracaso en nuestra pureza sexual, podemos perder la confianza de tener paz y autoridad en nuestra vida en el reino.

Que quede bien claro, sin embargo, que no estoy describiendo a las personas que *persisten* en el pecado sexual. Andar por el sendero del pecado genera más que un simple sentimiento de condena. Esa actitud de indiferencia y desenfreno es distinta a lo que venimos considerando hasta aquí, y el sentimiento de culpa en tales casos no es una acusación del adversario sino una advertencia de Dios, es la *convicción* del Espíritu y no una condenación. El Espíritu Santo llama a los pecadores al arrepentimiento, no a un mero remordimiento.

> *¿Cómo es posible dudar de que los pecados sexuales son brutales, máxime cuando un hombre tan poderoso y conocedor del corazón de Dios como David, y habiendo ya transcurrido un año de haber pecado, todavía luchaba con la culpa y la vergüenza?*

REDIMIDOS A PLENITUD

Ahora, en cambio, consideremos la *esperanza* que Dios ofrece a cualquiera de nosotros que habiendo tropezado se siente acongojado. El apóstol Pablo detalla a los creyentes de Corinto un catálogo de pecados que es más angustiante de lo que nadie pueda imaginar: fornicación, idolatría, adulterio, homosexualidad, perversión sexual, robos, avaricia, borrachera, calumnias, estafas (1 Corintios 6:9-10). Pablo había sido el pastor de ellos en el pasado y los «conocía muy bien». Pero más tarde, para asegurarles la gracia plena y perfecta de Cristo a los que hubieren caído, cierra esa lista espantosamente grotesca con las siguientes palabras: «Y eso eran algunos de ustedes. Pero ya han sido lavados, ya han sido santificados, ya han sido justificados en el nombre del Señor Jesucristo y por el Espíritu de nuestro Dios» (1 Corintios 6:11).

Esas son las buenas nuevas que di a Elliot, y son para todo creyente sincero atrapado en las memorias del pasado. Escucha, querido consiervo: ¡No estás descalificado! Jesús ha garantizado tu perdón completo y te ha otorgado plena autoridad para representarlo ante el mundo. ¡Ponte en pie! ¡Levanta la mirada! Serás aquello para lo que él te creó y redimió.

Elliot me había preguntado: «Pastor Jack, ¿qué tal si es demasiado tarde? ¿De qué puedo servir ahora?» La respuesta es: *Nunca es demasiado tarde.* En esto consiste todo el mensaje del evangelio, la obra de salvación de Cristo en la cruz afirmó nuestra completa redención. Volvió a comprar todo lo que se había perdido, se enfrentó y conquistó al enemigo, y ahora nos llama a aplicar esa victoria en la vida. No importa cuánta contaminación haya en el pasado, porque *ahora* —en el nombre de nuestro Señor Jesús y por el Espíritu de Dios— se nos lavó, santificó y justificó.

Hoy Elliot es un siervo fiel y lleva fruto con la autoridad del reino que es por Cristo Jesús. Cualquier creyente también puede ser su siervo. No obstante, todo el que pretenda sugerir que los pecados sexuales no tienen una dimensión de culpa más destructiva y poderosa en el creyente que la causada por otros pecados, no está siendo sincero con respecto a esta respuesta humana a los tremendos atropellos que dichos pecados sexuales producen. Aun así, hay un «¡Aleluya!» esperando a los que reciben la verdad liberadora de la Palabra de Dios. ¡Léela y después proclama esa expresión de triunfo!

Ayuda para obtener esperanza y sanidad

Vivan por el Espíritu, y no seguirán los deseos de la naturaleza pecaminosa ... los que practican tales cosas no heredarán el reino de Dios. En cambio, el fruto del Espíritu es amor, alegría, paz, paciencia, amabilidad, bondad, fidelidad, humildad y dominio propio ... Los que son de Cristo Jesús han crucificado la naturaleza pecaminosa, con sus pasiones y deseos. Si el Espíritu nos da vida, andemos guiados por el Espíritu.

GÁLATAS 5:16,21-25

Por lo tanto, ya no hay ninguna condenación para los que están unidos a Cristo Jesús.

ROMANOS 8:1

REFLEXIONO

¿En qué área de mi vida di cabida al enemigo de mi alma para que me atormentara con acusaciones y amenazas de condenación? ¿Me he arrepentido de todo corazón y apliqué la sangre redentora de Cristo a esa situación? ¿Qué recuerdos necesito traer a los pies de Jesús, en vez de volver a recordarlos una y otra vez como si fueran una película mental?

ACUDO AL SEÑOR EN ORACIÓN

Señor, en el nombre de Jesús, renuncio a toda atadura o yugo que tenga con cualquier persona o a algún hábito de pecado sexual que aún me tenga atrapado en sus garras o que interfiera con mi crecimiento y madurez como siervo tuyo.

Gracias, Señor Dios, por tu gracia reveladora, liberadora y sanadora con que ahora revistes esas heridas recónditas con que Satanás quisiera mantenerme esclavizado. Recibo tu libertad y declaro tu victoria en mi mente, cuerpo, espíritu y alma, desde ahora en adelante. Amén.

CAPÍTULO 6

LOS PECADOS SEXUALES COMPROMETEN LA RELACIÓN HUMANA MÁS ÍNTIMA: EL MATRIMONIO

Esposos, amen a sus esposas, así como Cristo
amó a la iglesia y se entregó por ella ...
Esposas, sométanse a sus propios esposos como al Señor.
EFESIOS 5:25,22

El desgaste que se opera en una vida erosionada por el pecado sexual socava grandemente la fortaleza fundacional de aquellas bases que deberían contribuir a un futuro dichoso. La integridad sexual entre hombres y mujeres en la intimidad y a escala personal es un elemento esencial para desarrollar la plena realización. Examinemos, por lo tanto, la quinta razón que nos hace concluir que el pecado sexual es peor que otros pecados: los pecados sexuales comprometen la relación humana más íntima de la vida, el matrimonio.

Fue como si una densa nube atravesara la puerta cuando Lily y Cooper entraron en mi oficina. Apenas si se dirigían la palabra. La culpa, el resentimiento y la frustración se palpaban detrás del silencio.

Hacía tres meses que Cooper le había confesado a su esposa un encuentro sexual con una mujer que conoció en un viaje de negocios a otra ciudad. Cooper dijo que desde el nacimiento de su bebé hacía un año, Lily le había prestado menos atención, y que le fue infiel porque sentía que él ya no le importaba. Después de su confesión y arrepentimiento, Lily lo perdonó de palabra, pero en lo profundo de su corazón la herida estaba todavía abierta y sin sanar, le guardaba rencor y resentimiento. Si bien su dolor era totalmente comprensible, su falta de perdón mantenía intacta la barricada que Cooper había interpuesto con su infidelidad.

No se habían comunicado bien ni reanudado sus relaciones sexuales desde entonces. Aunque se amaban lo suficiente como para pedir ayuda, era evidente que se estaban distanciando. «No es que yo no lo perdone», decía Lily, «pero no puedo borrar de mi mente que se acostó con otra mujer, especialmente después de haber tenido a nuestro hijo. Cada vez que empieza a acariciarme me lo imagino con ella y no puedo continuar; me duele mucho lo que pasó».

Ahora, más que avergonzado por el daño devastador provocado por su pecado de adulterio, Cooper admitió más cosas, porque sus conversaciones a solas con Lily habían intensificado su sentimiento de responsabilidad, obligándolo a confesar: También lo había atraído la pornografía y la masturbación, prácticas en las que había incurrido solo en los primeros años de su matrimonio, pero que procuraba justificar pensando que se debían al alejamiento de Lily.

El caso de Lily y Cooper no es inusual, ya que todos se caracterizan por el enorme daño que producen las secuelas del pecado sexual: los trastornos se funden en una sinergia para atacar de lleno la unión marital. El matrimonio es la relación humana más íntima, más preciada y con la mayor capacidad de traer satisfacción. Efectivamente, la profunda intimidad queda demostrada por el hecho de que en toda la Biblia el matrimonio es la imagen usada para describir nuestra relación de redimidos con Cristo Jesús: somos su esposa.

En 2 Corintios 11:2 el apóstol Pablo usa la ternura y pureza inherente a una relación matrimonial para expresar a la iglesia de Corinto su deseo de que permanezca fiel a su Salvador: «Pues los tengo prometidos a un solo esposo, que es Cristo, para presentárselos como una virgen pura». Por lo tanto, en la unión espiritual con su esposa, la iglesia, vemos el modelo ideal de unión entre el hombre y la mujer, que puede ser realidad y preservar la rica plenitud que Dios quiere para el matrimonio.

UNA SOLA CARNE: EL MATRIMONIO

En el principio el Creador «los hizo hombre y mujer», y dijo: «Por eso dejará el hombre a su padre y a su madre, y se unirá a su esposa, y los dos llegarán a ser un solo cuerpo» ... Por tanto, lo que Dios ha unido, que no lo separe el hombre.
MATEO 19:4-6

Al comenzar un matrimonio es importante darse cuenta primero de cómo el daño colectivo causado por los pecados sexuales del pasado puede frustrar el éxito desde el inicio. Si cualquiera de los cónyuges comprometió la pureza de su identidad, emociones, creatividad o autoridad espiritual, aspectos que ya hemos considerado, estas concesiones se transformarán casi inevitablemente en potenciales bombas de tiempo. Si los pecados sexuales ocultos o no tratados se infiltran en el matrimonio, con demasiada facilidad tenderán a hacer implosión más tarde, derrumbando la más fundamental de las relaciones humanas. Los creyentes que se hayan visto involucrados en algún pecado sexual antes del matrimonio —o que están heridos por el modelo negativo de un padre o una madre— traen consigo a la unión conyugal, sin mediar invitación, los elementos destructivos de la culpa, la vergüenza y el miedo. Si estos temas no se tratan con la ayuda de una consejería prematrimonial, o se discuten con la más absoluta transparencia en la intimidad de la pareja, inevitablemente reducirán la posibilidad de una comunicación sana y sincera, indispensable para que prospere la más elevada de todas las relaciones humanas.

La relación sexual dentro del matrimonio es muchísimo más que una mera actividad física. Implica *una revelación personal*. Si la culpa o la vergüenza ocultas no se retiran, el resultado final será un distanciamiento o la reducción de la interacción sexual solo al plano del placer. Aun cuando el goce placentero de la unión sexual dentro del matrimonio es propio y conforme al propósito divino, solo se perpetuará si nos entregamos totalmente el uno al otro. Las culpas secretas, el pecado oculto, la aceptación del juego de seducción, los pensamientos privados y la plétora de imágenes que la pornografía introduce en nuestra psiquis, rebajan la hermosura de la relación sexual y socavan su permanencia como verdadero intercambio íntimo de cuerpos y de almas.

La fuerza bruta del relativismo, el humanismo y el hedonismo que impera en nuestra cultura ha erosionado verdades fundamentales que durante largo tiempo se tuvieron por sagradas y ha traído consigo una cantidad devastadora de secuelas en mucha gente que frustran la plena satisfacción genuina en el matrimonio. La Biblia nos revela que las relaciones sexuales como fueron diseñadas por Dios, en el contexto del matrimonio, son para (1) la procreación (Génesis 1:22), (2) la expresión de unidad (Génesis 2:24), (3) la expresión de afecto y de consuelo (Génesis 24:67; Cantares 2:10), y (4) el placer recíproco (Proverbios 5:18). ¡Cómo se pierden trágicamente estas cosas cuando el pecado sexual deshonra el matrimonio!

Satanás tiene la infernal inclinación de atacar nuestra sexualidad porque esta no solo expresa nuestra unión más íntima sino que también es el origen de nuestro placer físico más intenso. Discúlpenme si lo digo tan directamente: Dios inventó el orgasmo. Que él haya creado esta maravillosa y alucinante capacidad para nuestra realización debería hacernos deducir algo de las intenciones de Dios para nosotros. Si necesita más pruebas de que, a un nivel físico, la relación en el matrimonio no es tan «espiritual» como para ser impropia, lo invito a leer el Cantar de los Cantares, una declaración franca y gozosa de esta dádiva maravillosa para el pueblo de Dios.

Sin embargo, respecto a nuestra sexualidad, la actitud lasciva del mundo que aduce que «más es mejor» (entendiendo por «más» las perversiones o depravaciones) es diametralmente contraria a la realización trascendental que Dios pretende para nuestra vida. Cuando el Señor impone restricciones y limita nuestra actividad sexual a una sola persona por toda la vida, dentro del matrimonio, no es porque quiera privarnos de divertirnos a lo grande. Todo lo contrario: Dios nos creó para que experimentáramos el máximo placer; las restricciones y los criterios de su Palabra tienen el propósito de reproducir y preservar ese placer.

SATISFACCIÓN EN LA RELACIÓN, NO SOLO EN EL CUERPO

Lo llamaré Jim, un muchacho realmente bueno y un cristiano firme. Él y su esposa Amy eran una parte importante en nuestra congregación. Pero sentado en mi oficina, presentí lo incómodo que le resultaba el tema que estaba por traer a colación. «Jim, me pediste un tiempo juntos y te agradezco que vengas a hablar conmigo, pero vamos», le dije riendo, «¡pareces más nervioso que un perro en bote!» Con la risa aflojó la tensión, tal como lo esperaba, y fue directo al grano.

«Pastor Jack, me imagino que cualquier individuo se sentiría incómodo, especialmente si es tan joven como yo —solo tengo unos treinta y pico— y fuera incapaz de tener *ningún tipo* de vida sexual con su esposa. No sirvo para nada en la cama». Otra vez esbozó una sonrisa, pero era un gesto de vergüenza y no de humor.

Sin referir toda la conversación, lo que surgió fue un motivo tan sencillo que Jim estaba sorprendido de que pudiera ser tan crucial para la intimidad de su matrimonio. En respuesta a mis preguntas —sin duda inspirado por el Espíritu Santo— descubrí que Amy y él siempre habían intentado tener relaciones sexuales solo con todas las luces del dormitorio apagadas.

No es preciso decir que la oscuridad en sí no representaba ningún problema, pero mientras conversábamos, Jim comprendió cuánta riqueza de verdadera comunicación entre ellos estaba ausente en su relación sexual con Amy por la falta de contacto visual. Lo que al principio era romántico (y para determinadas situaciones bien pudo ser así) convirtió la relación sexual en una mera interacción física. No mucho tiempo después de nuestra conversación, Jim me confió que el regreso a una iluminación suave (e incluso un poco de música romántica) les devolvió la comunicación que restauró la profundidad del deseo y la intimidad que ambos anhelaban.

La experiencia de Jim y Amy no involucró pecado sexual, a menos que se defina el pecado como errar el blanco; el propósito de la intimidad sexual implica cuidar los vínculos del amor y profundizar la comunicación personal. Su caso es indicativo de la seguidilla salvaje de pensamientos y actitudes de la cultura actual que considera el acto sexual como el *objetivo* y reduce la vida nada más que al reino físico, muchas veces en detrimento de la salud psicológica y espiritual de las personas.

Permítanme resaltar una tremenda verdad que nuestra cultura moderna ni siquiera sugerirá, porque la ignora: la satisfacción sexual genuina se halla en la *relación* entre las personas, no solamente en la mecánica de sus cuerpos. El acto sexual de la pareja no es simplemente una *parte* de su relación; la intimidad, el acto de total franqueza, la sumisión mutua y el entregarse el uno al otro conforman *por definición* el propósito del matrimonio.

> *El acto sexual de la pareja no es simplemente una parte de su relación; la intimidad, el acto de total franqueza, la sumisión mutua y el entregarse el uno al otro conforman por definición el propósito del matrimonio.*

El matrimonio está compuesto por diversos elementos, en especial cuando la vida juntos como pareja se desarrolla en varios frentes: los detalles domésticos del matrimonio, la llegada de los niños, la administración de la economía, las relaciones con los parientes políticos, el crecimiento espiritual y el servicio al Señor, y muchas otras cosas más son *parte* del matrimonio. Pero después de aconsejar a varios miles de personas en mis años de ministerio pastoral, puedo concluir que el sitio más revelador para desenmarañar los problemas maritales es preguntarle a la pareja acerca de su vida sexual. Esto no nace de ningún interés o creencia en teorías psicológicas freudianas y decididamente no es porque sienta curiosidad sensual en el tema. Preguntarle a un matrimonio acerca de su vida sexual es el camino más directo para averiguar si la convivencia de la pareja está siendo enriquecida con la entrega mutua a la comunicación, la honestidad y la generosidad, y si se mantiene en una atmósfera de transparencia. La unión sexual —así de sencillo— tiene ingerencia en todos estos temas. (A modo de acotación, quisiera simplemente agregar que esto explica por qué todas las perversiones sexuales —adulterio, pornografía, masturbación, juegos de seducción y la exploración de conductas aberrantes— *nunca, nunca proporcionarán una satisfacción duradera*.)

El adversario martillea la actividad sexual de la relación de pareja con toda intensidad justamente por ser el punto focal del matrimonio. El pecado sexual agrieta la unión entre marido y mujer, fisura la fidelidad y la confianza, y envicia la sublimación de la intimidad. Este envenena la posibilidad de una comunicación más sincera, sensible y sublime entre marido y mujer, y anula para muchos la bendición muy especial de haber convivido sexualmente con una única persona a lo largo de toda una vida.

LA PUREZA RESTAURADA

Antes de casarnos, Anna y yo estábamos en la secundaria, encendidos por la pasión como cualquier pareja. Pero no estábamos simplemente consumidos por el deseo sexual, realmente nos amábamos y estábamos más que interesados el uno por el otro. Nuestra relación progresó al punto de comprometernos para casarnos. En la cuenta regresiva hacia el día de la boda, no nos fue fácil reprimirnos hasta el matrimonio. Había un deseo totalmente justificado, completamente humano, natural, ardiente y para nada fuera de lo normal, de unirnos sexualmente.

Pues bien, lo que voy a decir no pretende despertar culpas en ningún lector o traerle recuerdos de fracaso; pero Anna y yo fuimos criados para creer que debíamos permanecer vírgenes hasta el casamiento, por lo que cuando nos unimos en la noche de bodas, lo hicimos, por supuesto, llegando allí como tales.

Refiero esta victoria para destacar la recompensa que recibimos por perseverar en la lucha para vencer la tentación: ya en el horizonte de nuestro cincuenta aniversario, mi querida esposa y yo tenemos el testimonio feliz de que en nuestra vida *ambos* gozamos de la sensación de plenitud de pertenecer exclusivamente el uno al otro, y el deleite inexplicable que se encuentra en el modelo de Dios para la unión sexual. Nuestra castidad y fidelidad no significan que no fuimos tentados antes de casarnos o que nos libramos de la tentación durante nuestro matrimonio. Son más bien el resultado de un compromiso con la verdad y con las promesas de la Palabra de Dios, y de una obediencia producida por el poder del Espíritu Santo, que obró la vida de Cristo en dos simples seres humanos que estaban dispuestos a recibir su capacidad de darnos fuerzas en medio de nuestra debilidad y su gozo por nuestra obediencia. Nuestro éxito en permanecer puros me anima a creer que cualquier creyente puede lograrlo *si invita a Jesús a ser un factor de la ecuación y rechaza la oferta barata del espíritu de este mundo.*

Aunque no puedas prestar el testimonio de Anna y mío, no quiere decir que estás inhabilitado para experimentar la pureza sexual en el matrimonio. En mi opinión, una de las cosas que el Señor quiere hacer en la iglesia de hoy, por obra del Espíritu Santo, es levantar una generación de redimidos del escombro del pecado sexual... personas que sepan lo que significa ser restaurados a la pureza, para ser, como Pablo escribió a los corintios, presentados a Cristo como vírgenes inmaculadas (2 Corintios 11:2).

Esa promesa de ser presentado a Cristo como una virgen inmaculada todavía es posible en ti, aunque hayas fallado, porque Jesús vino a redimir y restaurar, a perdonar y recuperar. Recordar la destrucción de los pecados sexuales —el estudio presente sobre su capacidad de devastación— no procura quitarnos la esperanza de una verdadera plenitud ni argumentar en contra del gran perdón divino. No obstante, debemos *confesar* lo que se contaminó para *restaurar* lo que se rompió.

Abre tu corazón al poder y la gracia de Dios; y si estás casado o próximo a casarte, abran sus corazones el uno al otro. Reciban el consejo piadoso que los puede liberar y dispónganse a recibir la liberación que nivela el camino hacia la plenitud de Dios en el matrimonio.

Anna y yo estamos más que dispuestos a alentarlos: no es demasiado tarde.

AYUDA PARA OBTENER ESPERANZA Y SANIDAD

Cada uno de ustedes ame también a su esposa como a sí mismo, y que la esposa respete a su esposo.
EFESIOS 5:33

REFLEXIONO

¿En qué contaminé la confianza, la fidelidad y lo sagrado de mi matrimonio? ¿En qué áreas he eludido la comunicación con mi cónyuge?

ACUDO AL SEÑOR EN ORACIÓN

Señor, te confieso mis pecados y te pido que me liberes de los hábitos que comprometen o arriesgan mi matrimonio. En este preciso instante derribo toda vana imaginación que me haya hecho creerme independiente de esa «sola carne» que has declarado sobre mí y mi cónyuge. Muéstrame cómo perdonar y ser perdonado, y reestablece mi matrimonio a la pureza que produce felicidad profunda y te glorifica a ti. En el nombre de Jesús, te lo pido, amén.

CAPÍTULO 7

LOS PECADOS SEXUALES NOS EXPONEN AL RIESGO DE CONCEBIR A UN SER HUMANO DESVALIDO

Aunque mi padre y mi madre me abandonen,
el Señor me recibirá en sus brazos.
SALMO 27:10

Los pecados sexuales son peores que otros pecados, y esta es la sexta razón, ya que nos exponen al riesgo de concebir seres humanos desvalidos. Aquí el daño colateral de la inmoralidad sexual repercute en el destino de otras personas.

Tenía dieciséis años, estaba embarazada y tenía miedo.

Corría el año 1966, y aunque el aborto estuviera legalizado, Melanie confesó que no hubiera abortado. Me dijo que sentía un vínculo inexplicable y amoroso con el niño que crecía en su cuerpo. Muerta de miedo al pensar en el momento en que sus padres descubrieran su embarazo, intentó lo más que pudo ocultarles su estado. Cuando sus padres se enteraron, estaban enojados, desmoralizados y avergonzados, y la mandaron a otro pueblo para que allí tuviera su bebé en secreto. Durante seis meses Melanie vivió bajo un nombre falso en un hogar para madres solteras, mientras que sus padres les decían a los parientes que estaba en un colegio privado. Cuando nació el bebé, la única alternativa que le dieron fue entregar al pequeño en adopción. Le dijeron que regresara y que pretendiera que no había pasado nada, con la prohibición expresa de no referirse a su actividad sexual de adolescente soltera ni mencionar al hijo que había entregado en adopción. Los padres de Melanie nunca reconocieron al nieto hasta el día de su muerte unos veinte años después.

En la actualidad, este escenario (con el secreto y la deshonra, los conflictos y el dolor) es cosa del pasado, porque por más que el aborto esté mal, cualquier adolescente, a veces incluso sin el permiso de sus padres, puede optar con ligereza por disponer de una vida, en secreto, sin mayor inconvenientes y contando con la aprobación social. Con esto no pretendo trivializar el impacto emocional y las tensiones familiares que provoca un embarazo adolescente. Pero para ser coherentes con respecto a los grandes temas de la humanidad, al valor de la propia vida, y a las realidades inherentes al impacto de un aborto, *primero* tenemos la obligación de considerar esta pregunta: ¿Acaso terminar con la vida de un niño no nacido aún *alivia* en algo el sufrimiento?

La respuesta ha sido demostrada lo suficiente por millones de personas que padecen las diversas secuelas de un aborto. El costo a largo plazo del daño emocional y espiritual (y a veces físico) de los que han participado en un aborto revela la triste verdad: no es posible eludir el dolor de las consecuencias del pecado sexual.

A pesar de preocuparse por los cambios que traería a su vida, Melanie de algún modo sabía en su corazón que dentro de su cuerpo se gestaba el milagro de la creación. Hasta sus peores temores sobre el embarazo no la convencían de que el aborto pondría punto final al asunto. Pese a haber violado la Palabra de Dios, Melanie no estaba endurecida del todo, y ella luego se convencería de que había traspasado una línea: un límite trazado por la mano del creador.

> *¿Acaso terminar con la vida de un niño no nacido aún alivia en algo el sufrimiento?*

«No conocía en ese entonces este pasaje de las Escrituras», me comentó Melanie, «pero sus implicancias se hicieron latentes en el núcleo moral de mi alma: "Tú creaste mis entrañas; me formaste en el vientre de mi madre"» (Salmo 139:13).

UNA CULTURA DE MUERTE

Así como hemos sido expuestos por más de tres décadas a la incisiva presión social, cultural y legal del juicio *Roe contra Wade*, los corazones de los jóvenes del mundo de hoy se tornan fácilmente insensibles a la belleza y los propósitos profundos de nuestra sexualidad y a la santidad de la vida humana. Para cuando alcanzan la edad de Melanie, millones de corazones jóvenes de nuestra nación ya se han endurecido por la decisión propagadora de muerte de la Corte Suprema de los Estados Unidos (una decisión que hace algunos años fue rechazada por la principal demandante del caso). Las mujeres y los hombres, ilusionados con la «liberación» de las consecuencias de un embarazo no deseado, resultado del pecado sexual, transitan con relativa indiferencia una senda que no solo destruye la vida truncada por el aborto sino que destruye la vida de quienes optan por este rumbo.

Aunque la gente da por sentado que al elegir el aborto se librarán de las consecuencias del embarazo no deseado, la dádiva divina de vida presente en el vientre dejará una huella indeleble que resultará en una conciencia permanente e ineludible. Tal como me dijera Melanie, muchas personas lo suficientemente sinceras para admitirlo lo han confesado una y otra vez: «Nunca pude pretender que no había pasado nada».

La herida abierta de Melanie de haber dado a luz un bebé que no pudo criar no se trató durante décadas. Me dijo que se le partía el corazón cada vez que veía a una mamá empujando un cochecito con su pequeño. Además, un extraño muro se interpuso en la comunicación con sus padres, un tipo de tregua civilizada, una falta de naturalidad, que si bien no impidió continuar la relación, de todos modos obstaculizó toda posibilidad de una comunicación significativa que pudo haber existido antes de «aquel asunto». Ese muro se mantuvo intacto durante los años, y obstaculizó toda interacción que podría haberlos conducido al perdón y a la restauración. El acto de disponer de una vida tan estoicamente, bajo el efecto hipnótico de una idiosincrasia de negación y de muerte, y sin comprender en el momento lo que implicaba la decisión, erigió una lápida que puso fin a todo tipo de comunicación.

Pese a la propaganda de la sociedad que aduce lo contrario, las mujeres y los hombres que optan por el aborto dan fe de que ellos tampoco pueden pretender que nunca pasó nada. El mismo tipo de secuelas y de culpa los hace acudir a consultas pastorales como la mía con demasiada frecuencia: vienen sangrando emocionalmente, atormentados por la culpa y esperando encontrar un consejo que los guíe a la liberación. Su pérdida es, por desgracia, mucho más profunda de lo que jamás se les hizo suponer, porque nunca imaginaron que en realidad habían literalmente dado muerte con sus propias manos.

EL SIGNIFICADO DE «DESVALIDOS»

El aborto no es la única manera en que una vida concebida en pecado sexual puede quedar desvalida. Es realidad, no todos los niños abortados por uno o ambos padres fueron necesariamente concebidos fuera del matrimonio. Hoy hay gente casada que se practica sistemáticamente un aborto sin que medie la fornicación ni el adulterio. El embarazo no fue resultado ni de la infidelidad ni de la irresponsabilidad, sino que refleja la misma actitud de displicencia con respecto a la vida concebida.

Con la expresión «desvalidos» me refiero a dos categorías generales adicionales, además del niño desvalido en el *vientre*... aquel a cuya vida se le ha puesto fin mediante el aborto. En primer lugar, está el niño que recibe la vida pero que es desvalido porque sufre diversas formas de *abandono* de parte de uno o ambos padres. Esto incluye casos tales como el recién nacido abandonado a su suerte en una lata de basura y descubierto por un transeúnte; el pequeño que rebota de hogar en hogar adoptivo; el adolescente cuyo padre o madre nunca están en casa o que abandonó a la familia. Y la lista puede continuar.

En segundo lugar, los niños pueden ser desvalidos *emocionalmente* cuando se les dice que él o ella fueron un error o se les trata como indeseados, inservibles o no queridos. Aunque no se les diga explícitamente, el eco resuena interminablemente en la mente del niño o la niña que cree que no debería haber nacido.

Muchas veces una sensación de inutilidad e incomodidad acompaña al niño cuando piensa en su propio nacimiento. Con semejante falta de apoyo, son incontables las personas que han sufrido trastornos de diversos aspectos en el desarrollo de su estima personal, en la conformación de su personalidad y en la posibilidad de entablar relaciones futuras.

Hace algunos años uno de los cristianos más consagrados que jamás haya conocido me contó de su angustiante descubrimiento al enterarse de que había sido concebido fuera del matrimonio y que sus padres se habían casado por obligación, solo porque su madre había quedado embarazada.

La revelación lo había perturbado emocionalmente. Este creyente maduro en Cristo sintió de pronto la sensación de ser indeseado; sintió que su vida desde el origen carecía del amparo de sus padres.

Otro joven que conozco me dijo que cuando sus padres murieron, encontró entre sus papeles un documento que revelaba que había sido adoptado, un hecho significativo que nunca le habían contado. Desde su niñez, David recordaba haber tenido sentimientos confusos sobre su persona, pero sus padres los minimizaban como simples inquietudes propias de la adolescencia. Al hallar los documentos de la agencia de adopción que detallaban que su madre biológica cedía sus derechos de patria potestad, y otros documentos firmados por sus padres donde solicitaban adoptar un niño sin nombre, David se llenó de humillación y un profundo sentimiento de rechazo y dolor. Su madre lo había rechazado, razonaba David, y además, si sus padres adoptivos nunca se animaron a revelarle la verdad, debería ser porque estaban avergonzados de él. (Desearía marcar las diferencias entre la historia de David y otras historias enternecedoras y a veces muy preciosas de aquellos niños cuyas amantes madres los dieron en adopción porque dada las circunstancias consideraban que esta era la mejor alternativa. En mi opinión, estos no son casos de «niños desvalidos» sino que, por el contrario, reflejan una de las formas en que el principio *espiritual* bíblico de la adopción se transforma en un principio *redentor* del cuidado de la vida humana.)

EL AMOR Y LA ACEPTACIÓN DE DIOS PADRE

A pesar de todo, el fundamento de Dios es sólido y se mantiene firme, pues está sellado con esta inscripción: «El Señor conoce a los suyos».
2 TIMOTEO 2:19

He visto cómo las personas que se criaron desvalidas en la niñez encuentran difícil entender y recibir el amor de Dios el Padre. Los niños física o emocionalmente desamparados por sus padres terrenales, con o sin intención, han sido introducidos a una «teología» falsa sobre Dios. Muchos padres tienen muy poca conciencia del hecho muy significativo de que, al menos hasta que los niños tienen entre cinco y siete años, *los padres son el texto esencial de instrucción teológica sobre el carácter, la constancia y el cuidado de Dios.* Los niños desvalidos llegan a la vida con muy poca base sustentable acerca de cómo es Dios; su visión del dador primario de vida ha sido tergiversada por las actitudes de los seres humanos que debieron ser instrumentos de Dios para darles vida. En consecuencia, su confianza en un Padre Celestial puede ser débil o impropia durante toda la vida. Sin la sabiduría de los padres, su amor, su cuidado y su aceptación, los niños concebidos en pecado sexual serán a menudo más vulnerables a todo aquello que produce trastornos, hábitos destructivos, y con el tiempo, una extremada esclavitud espiritual y física.

Ningún niño desvalido tiene por qué vivir en la condena y la culpa. El gran mensaje profético del Señor es su promesa de «recibirnos en sus brazos» si nuestro padre o nuestra madre nos abandonan (Salmo 27:10). Como con el daño provocado por *cualquier* otro pecado, todo aquel que haya comenzado su vida como un ser humano desvalido encontrará sanidad, recuperación y restauración en Jesús nuestro Redentor. Dios no se muestra indeciso con ninguno de sus hijos, no tiene duda alguna con respecto a si nos ama o no. Su Palabra declara que sus pensamientos hacia nosotros son «planes de bienestar y no de calamidad, a fin de darles un futuro y una esperanza» (Jeremías 29:11). En realidad, el mensaje del evangelio se basa en el amor de Dios: «Porque tanto amó Dios al mundo, que dio a su Hijo unigénito, para que todo el que cree en él no se pierda, sino que tenga vida eterna» (Juan 3:16).

Uno de los testimonios más profundos que tuve el privilegio de escuchar es el de una joven llamada Gianna, a la que invité hace algunos años a colaborar en el ministerio en nuestra iglesia. La madre de Gianna había intentado abortar durante el embarazo. Por la gracia de Dios, y a pesar de ello, Gianna nació. El aborto había sido traumático y Gianna tenía una grave discapacidad, pero su amor, su inteligencia y su voz de cantante no se habían visto afectados. Ella irradiaba la belleza y la victoria de Jesucristo y sentía el llamado divino a ministrar a los demás. El intento infame de Satanás de cortarle la vida tuvo la respuesta de una misión que desde entonces ha bendecido a muchas personas afligidas.

EL AMOR Y LA ACEPTACIÓN DE LOS PADRES TERRENALES

Como contraste al quebranto que acompaña a los niños desvalidos, qué gozo que una pareja pueda decirle a sus chicos: «Ustedes nacieron del amor de papá y mamá. ¡Estábamos tan contentos de saber que estaban en camino!» Puede que no hayan planeado tener a los niños de acuerdo a un cronograma, pero como reconocen el valor intrínseco de la vida y de sus hijos en particular, pueden decir: «¡*Los deseábamos* y estamos muy alegres de que hayan nacido!»

Ese es el testimonio de nuestra familia. Anna y yo tenemos cuatro hijos: dos nacieron según los planes, en el tiempo que previmos tenerlos. Los otros dos no estaban para nada en nuestros planes: simplemente llegaron, y nuestra hija menor fue una sorpresa total. (¡Siempre me pareció que el Señor nos hizo esa jugada para demostrarnos que no somos tan brillantes después de todo!)

Anna y yo nos casamos tres años antes de comenzar a tener una familia, y en los cinco años siguientes, nacieron nuestros tres primeros hijos. Nuestro plan era detenernos ahí, pero unos años después nos sorprendió otro recién llegado. No es necesario aclarar que le dimos la bienvenida a esta posibilidad, pero nos resultó una buena lección acerca de la diferencia entre los propósitos soberanos de Dios y la planificación humana. Muchas veces nuestro descubrimiento de la bendición y el *propósito* de los tiempos de Dios con relación a nuestra hija menor me ha servido para animar a parejas que se enfrentan con el mismo «inconveniente» de un hijo inesperado. La llegada de nuestra hija a la familia nos llenó de un gozo profundo y además nos brindó un instrumento maravilloso de instrucción para poder ministrar a más familias, ya que la nuestra abarcó casi una generación entera.

CONFUSIÓN EN LA CORTE DE JUSTICIA Y EN LA COMUNIDAD

Una sociedad en la cual prospera el aborto está sumida en una tremenda confusión. Según la ley, tal como hoy rige, una madre que por el consumo de narcóticos mata *accidentalmente* a su bebé no nacido, puede ser procesada por homicidio culposo,[1] como también puede procesarse a cualquier persona cuyas acciones inadvertidamente provoquen la muerte del feto en una mujer embarazada. Sin embargo, la madre que *intencionalmente* mata a su bebé por medio de un aborto no ha cometido crimen alguno.

Este absurdo se extiende a la comunidad cristiana, donde hay quienes aun más confundidos se sienten con la obligación moral de colocar bombas en las clínicas de aborto o de lastimar y matar gente en nombre de la vida. Hace poco un caso terriblemente trágico involucró a un ex ministro presbiteriano, que no renegó de su declaración de que actuaba para salvar vidas, y se convirtió en la primera persona condenada a muerte por matar a un doctor que practicaba abortos. Sus defensores lo llamaron mártir.[2] Podemos sin duda pensar que el aborto está mal, pero el homicidio de sus defensores es una instigación de las más tramposas del enemigo.

UNA PÉRDIDA INCALCULABLE

¿Podemos siquiera imaginar qué distinto sería nuestro mundo hoy si a los millones de vidas abortadas se las hubiese dejado vivir? Como ya hemos mencionado antes, más de *cuarenta y tres millones* de seres humanos han sido legalmente abortados *en los Estados Unidos solamente*.[3] Esta estimación no toma en cuenta las enormes cifras de otros países. A cada fracaso moral, los pecados sexuales le añaden una pérdida que impacta en el *mundo entero*. ¿Qué diferencia puede hacer una vida? Si como legítimamente discute un ambientalista, la extinción de una sola especie de aves o de insectos tal vez altere la ecología de una región entera de nuestro planeta, ¿cuánto más significativa es una vida humana: *una vida que pudo haber encontrado la cura del cáncer, que pudo haber negociado una paz, que pudo haber llevado a miles a los pies de Cristo y a la eterna salvación?* ¿Cuántos grandes pensadores y logros de nuestro tiempo *habremos perdido irremediablemente* entre los millones de vidas que no tuvieron la oportunidad de nacer?

No cabe duda: el pecado sexual es peor que otros por diversos motivos, pero ninguno tan dramático como la manera en que con tanta frecuencia resulta en la concepción de seres humanos desvalidos, o en seres «liquidados» porque fueron concebidos pero nunca se les dio la oportunidad de ser.

Nuevamente, estimado lector, si alguna parte de este capítulo te acusa de algún pasado trágico, tienes que saber lo siguiente: para Dios, perdonar los pecados sexuales no presenta mayor dificultad que perdonar otros pecados, ni siquiera el pecado del aborto. La Biblia afirma: «Pero Dios demuestra su amor por nosotros en esto: en que cuando todavía éramos pecadores, Cristo murió por nosotros» (Romanos 5:8). Y más aun, si tú o alguien que conoces empezó su vida como un ser humano desvalido, o si tu corazón está destrozado ante el aborto, abandono o rechazo de algún niño, acepta la invitación de entrar en la presencia amorosa, redentora y de aceptación del Dios Padre por medio de su Hijo Jesucristo. Nos ha prometido que encontraremos siempre en su presencia el perdón liberador y la entrada a la paz y a un nuevo propósito en la vida.

AYUDA PARA OBTENER ESPERANZA Y SANIDAD

El Espíritu del Señor está sobre mí, por cuanto ... me ha enviado a sanar a los quebrantados de corazón.
LUCAS 4:18 (RVR60)

REFLEXIONO

¿Qué significado tienen en mi vida el aborto, la adopción o el abandono? ¿Qué implican en mi capacidad para ministrar a otros? ¿En quién me hace pensar este capítulo? ¿A quién le puedo ministrar sanidad, apoyo y amor?

ACUDO AL SEÑOR EN ORACIÓN

Si tu vida comenzó como un ser humano desvalido, esta oración es para ti.

Dios Padre, tu Palabra declara que tú haces habitar en familia a los desamparados (Salmo 68:6). Gracias por adoptarme en tu familia mediante el sacrificio de tu Hijo, Jesús (Gálatas 4:4-6). Gracias por ser mi Padre celestial, porque me creaste a tu imagen y para tu gloria. Yo perdono a mi madre y padre terrenales por sus pecados contra mí y los libero para que tú los recuperes y restaures. Señor, en donde esté desvalido, sé mi roca, mi libertador y mi fundamento. Así como te entrego mis heridas y la confusión que siento en mí, recibo la abundancia de tu vida en cada uno de los vacíos de

la mía. Ya me has declarado tu hijo en Cristo. Gracias Señor, porque no hay nadie como tú. Amén.

Si has pecado y concebido un ser desvalido, esta oración es para ti:

Dios Padre, gracias de todo corazón porque has provisto la propiciación absoluta de mis pecados en el sacrificio de tu Hijo Jesús. Traigo a esa cruz de inconcebible dolor el sufrimiento que le he causado a mi hijo y la culpa, vergüenza y dolor que siento por ello. Te entrego a mi hijo, Señor, ya sea que viva en la tierra o en el cielo, y consagro lo que me queda de vida aquí en la tierra para andar en pureza sexual y en justicia delante de ti. Convierte mi lamento en danza, Señor (Salmo 30:11), y tal como has redimido y restaurado mi vida, hazme un instrumento de tu gracia y redención para otros. En el nombre de Jesús, amén.

CAPÍTULO 8

LOS PECADOS SEXUALES AUMENTAN LA PROBABILIDAD DE PROPAGACIÓN DE ENFERMEDADES

Si escuchan mi voz y hacen lo que yo considero justo,
y si cumplen mis leyes y mandamientos,
no traeré sobre ustedes ninguna de las enfermedades
que traje sobre los egipcios.
Yo soy el Señor, que les devuelve la salud.
Éxodo 15:26

Esta es la séptima razón de por qué el pecado sexual es peor que otros pecados, y es que aumenta la probabilidad de propagar enfermedades y con ello pone a andar una dinámica no intencionada de muerte. La siguiente carta ilustra cómo una sola ocasión de pecado sexual puede desencadenar trágicas consecuencias y la propagación de enfermedades.

Querido Pastor Jack:

La aventura sexual de una noche cambió mi vida para siempre. No sé por qué me dejé seducir, pero lo hice, por un muchacho al que apenas conocía y que nunca más volví a ver. Yo tendría algo más de veinte años, y no le presté mucha atención al dolor que comencé a sentir después de haberme acostado con él. Para cuando fui al médico, la infección de gonorrea se había extendido a las trompas de Falopio. Se me informó que posiblemente desarrollara un tejido fibroso en la cicatriz, pero después de tomar la medicación y ya libre del dolor no volví a pensar en ello y prefería no recordarlo. Estaba totalmente avergonzada y sentía que había recibido mi merecido por haber sido tan estúpida. Me pregunto cuántas personas más se habrán contagiado de ese chico y habrán transmitido la enfermedad a otros.

Unos pocos años después conocí a un maravilloso hombre cristiano y nos casamos. Ambos deseábamos tener una familia grande y estábamos muy entusiasmados cuando quedé embarazada, pero en la sexta semana de embarazo, mientras estaba en mi trabajo, un dolor me acalambró y fui llevada de urgencia al hospital, donde me internaron y sometieron a una operación de emergencia. Debido al tejido fibroso de las cicatrices en las trompas de Falopio, el embrión no había podido descender al útero y había quedado atascado en las trompas. Con seis semanas de gestación, el embrión tenía un tamaño tal que reventó el conducto y me produjo una hemorragia que pudo haber sido fatal. Ya en la mesa de operaciones, la mitad de mi volumen de sangre estaba en mi estómago, y la enfermera luego me dijo que de haber demorado quince minutos más en operar me hubiera muerto.

Perdí la trompa derecha y a nuestro bebé. El médico que hizo la cirugía me dijo que la otra trompa también tenía una cicatriz muy grande, y que era imprescindible evitar otro embarazo dado la alta probabilidad de perderlo y el riesgo que implicaba. La próxima vez, me dijo, tal vez no tuviera tanta «suerte».

Vanesa

Los pecados sexuales aumentan la probabilidad de propagación de enfermedades. ¿Acaso es necesario decir mucho más al respecto?

Es evidente que sí.

LA PLAGA DEL SIGLO VEINTE

A escala mundial, el número de personas infectadas o muriendo de SIDA ha alcanzado los *cuarenta millones*,[1] y dicho número *está en aumento*. Catorce mil personas se contagian *diariamente* de VIH, el virus responsable del SIDA, confiriendo a esta enfermedad el título infame de «la plaga del siglo veinte».[2] Más de medio millón de norteamericanos han muerto de SIDA.[3] Las Naciones Unidas estiman que en las próximas dos décadas morirán casi setenta millones de personas por causa de alguna enfermedad asociada al SIDA, y se ha dicho que «todavía falta lo peor».[4]

El daño colateral infligido por esta enfermedad de transmisión sexual es igual de pavoroso. Se calcula que, para

> *Catorce mil personas se contagian diariamente de VIH.*

el año 2010, más de veinticinco millones de jóvenes habrá perdido por lo menos a uno de sus padres por causa del SIDA, el doble de las estimaciones correspondientes al 2003.[5] Pensemos en lo que implicará para nuestro mundo tener tantas personas huérfanas, enfermas o agonizando por causa de una enfermedad de transmisión sexual. A la profunda pérdida familiar que soportan estos niños debemos agregar la consiguiente desnutrición, la pobreza extrema y el sello de la desesperanza. ¿De dónde saldrá la próxima generación de líderes en aquellas naciones diezmadas por los estragos de la epidemia del SIDA?

Con evidencias tan clara sobre el desenlace devastador de esta enfermedad de transmisión sexual, ¿por qué más y más gente se involucra en conductas sexuales que favorecen el contagio? La pregunta fue planteada a unos investigadores médicos en Gran Bretaña que escribieron: «Pese a la conciencia generalizada del VIH, la conducta de los individuos ni la de los gobiernos ha cambiado lo suficiente como para disminuir la pandemia mundial». Los investigadores suponen que el control de la epidemia está retrasado debido, entre otros factores, a «la falta de voluntad de reconocer el riesgo» y «la falta de voluntad de sacrificar la libertad sexual».[6]

Irónicamente, quienes más han luchado para aliviar el horrible sufrimiento inducido por el SIDA han sido también los responsables indirectos de su crecimiento: gracias a todos los nuevos medicamentos disponibles, mucha gente cree que el SIDA ya no representa un riesgo mortal o que hay recursos abundantes para ayudarlos en caso de contraer la enfermedad, pero este es un sentimiento falso de seguridad. La ceguera del alma humana no regenerada es increíble.

La historia más trágica que conozco con respecto a este tema está asociada con unas muchachas en Uganda, que, en su compromiso por evitar el SIDA, se unieron al «Club de conversaciones sin reservas» de su escuela, grupo que promovía la abstinencia, un tema importante en la campaña contra el SIDA de Uganda. El artículo trataba el caso de Lillian, de dieciséis años, que había quedado huérfana después de perder a ambos padres víctimas de SIDA. Cuando su tío, que era su tutor, también murió de SIDA, Lillian, una de las líderes del «Club de conversaciones sin reservas», se convenció aun más de que debía permanecer virgen, terminar el colegio y entrar a la universidad. Sin embargo, con la muerte de su tío ya no hubo quien pudiera solventar la cuota mensual de treinta dólares para su educación, y entonces algunos de los primos con quienes Lillian se alojaba comenzaron a presionarla para que consiguiera dinero buscándose un «patrocinador», es decir, que vendiera su cuerpo. Hay muchos clubes de abstinencia en Uganda, según el artículo, pero para muchas adolescentes la prostitución es el único medio de ingresos económicos.[7]

EL NUEVO ESTIGMA DE LA DESHONRA

El trauma de la culpa y el daño emocional del pecado sexual dejan una marca indeleble en la psiquis, y muchas veces también una marca letal en el cuerpo físico de la persona que contrajo la enfermedad de transmisión sexual. Vanessa, la mujer que me escribió esa carta, había perdido la vida de un hijo y la esperanza de tener una familia. Aunque su marido la aceptaba, tenía el perdón del Señor y era ahora la madre adoptiva de un niño, Vanessa todavía luchaba con la culpa, la vergüenza y el dolor de un único acto sexual de pecado.

Desde que apareció la epidemia del SIDA, ya no oímos hablar mucho del dolor asociado a otro virus incurable: el herpes sexual. No obstante, yo recibo un sin fin de cartas de creyentes desconsolados cuyas esperanzas y sueños para el matrimonio se han visto frustrados para siempre porque saben que esa relación santa estará infectada por causa de un pecado sexual.

Si algún creyente en Jesucristo cree que la respuesta al problema está en usar un condón para tener «sexo seguro» o «protegido», que quede bien claro que no lo felicito para nada por tal deducción. Los condones no son infalibles —eso es un hecho— pero lo más importante es que *no hay tal cosa como un cristiano superficial.*

He conocido creyentes que estaban de veras convencidos de que el uso de condones para reducir el riesgo de embarazo y de enfermedad justificaba su inmoralidad sexual, porque reducían la inmoralidad a una cuestión de «bueno, por lo menos...» Estimados, las personas que Jesucristo redimió no deben vivir la vida *«por lo menos»*; Jesús quiere que vivan *«por lo mejor»*. Jesús dice que él vino para que tuviéramos vida abundante; Satanás, el ladrón, viene a coartar esa expectativa (Juan 10:10). El creyente que justifica el pecado sexual da la bienvenida mental a una tergiversación, lo que equivale a abrir la puerta a los ladrones.

Un creyente me dejó perplejo con una interpretación común de las palabras de Jesús. Esta persona me dijo: «Yo entiendo que la vida abundante es la libertad de disfrutar del sexo a mi antojo» ¡Qué confusión más trágica! ¡Qué desvarío atroz! La Palabra de Dios establece criterios que no están sujetos a la libre interpretación personal. La directiva final de Dios sobre este tema se sintetiza en cinco palabras: *«Huyan de la inmoralidad sexual»* (1 Corintios 6:18, énfasis añadido)

Al haber ministrado ampliamente a personas enfermas y afligidas, he llegado a estar consciente de que es importante que el cuerpo de Cristo sea amante e inclusivo en su actitud hacia los infectados de enfermedades de transmisión sexual, así como Jesús no rechazó a los leprosos. Somos llamados a ser agentes de la redención de Dios y no de su juicio. Aunque el pecado sexual es más nocivo que otros pecados —y en el caso particular del SIDA marginador y fatal— a Dios no le resulta más difícil de perdonar. Ni tampoco el SIDA proscribe a ningún creyente sincero de ser aceptado por Dios en Cristo Jesús. Todos los que hemos recibido a Jesucristo nos hemos hecho una «transfusión sanguínea», fuente de eterna salud y sin rastros de pecado. La sangre de Cristo no solo nos redime cubriendo nuestros pecados sino que también limpia el alma infundiéndonos la pureza de Jesús. Sin desmedro de la prognosis terminal del mundo, Jesús les dice a sus discípulos que no teman lo que mata el cuerpo, sino que teman (es decir que no desestimen) «al que puede destruir alma y cuerpo en el infierno» (Mateo 10:28).

La promesa de Dios a Israel en Éxodo 15:26 todavía es valida en nuestro Egipto moderno de irrestricta indulgencia sexual: si obedecemos su Palabra respecto al pecado sexual, no seremos víctimas de la plaga mortal de sus enfermedades. Así como el pueblo de Israel se quedó en sus casas con la sangre del cordero pascual pintada sobre sus dinteles mientras la muerte arrasaba el país, nosotros también hemos sido llamados a permanecer «bajo la sangre» viviendo en obediencia conforme a las pautas de la misericordiosa protección divina.

Además de aumentar la probabilidad de propagar enfermedades físicas, el pecado sexual permite la entrada de otros virus que atacan el alma y que pueden arruinar nuestras oportunidades de por vida. Al fin de cuentas, hasta los «expertos» del mundo han llegaron a esta conclusión: la clave para evitar las enfermedades venéreas y el SIDA es la abstinencia hasta el matrimonio, y luego una pareja para toda la vida. Como diría irónicamente uno de mis nietos adolescentes: «*¡Me encanta!* ¿A quién se le hubiera ocurrido?»

AYUDA PARA OBTENER ESPERANZA Y SANIDAD

Un hombre que tenía lepra se le acercó, y de rodillas le suplicó:
—Si quieres, puedes limpiarme.
Movido a compasión, Jesús extendió la mano y tocó al
hombre, diciéndole:
—Sí quiero. ¡Queda limpio!
MARCOS 1:40-41

REFLEXIONO

¿Alguna vez intenté justificar mi participación en el pecado sexual? ¿Tengo conocidos que hayan sido contagiados de alguna enfermedad de transmisión sexual? ¿Cómo esto les ha afectado la vida? ¿Tengo algún conocido enfermo que necesite mi compasión ya que él o ella ahora se ha arrepentido y vive para Cristo?

ACUDO AL SEÑOR EN ORACIÓN

Padre Dios, en el nombre de Jesús vengo a ti buscando tu luz
en cada área oscura de mi vida. Si caí presa del pecado sexual
y de su daño, perdóname y sáname. Si juzgué a los demás, haz
que surja en mí la compasión hacia los que sufren y padecen
enfermedad por causa del pecado sexual, y hazme un instru-
mento de tu sanidad y redención en sus vidas. Quita de mí
todo temor a servirte solo a ti, y líbrame de mi propia justifi-
cación para no retraerme de tus hijos más heridos y sufridos.
Enséñame a amar a los leprosos como lo hizo Jesús. Amén.

CAPÍTULO 9

LOS PECADOS SEXUALES DESPIERTAN APETITOS QUE PROVOCAN MÁS COMPORTAMIENTOS INMORALES

El sepulcro, la muerte y los ojos del hombre
jamás se dan por satisfechos.
PROVERBIOS 27:20

Esta es la terrible verdad detrás de los gustos aparentemente inofensivos a los que todos nos exponemos a diario: los pecados sexuales son peores que otros pecados porque despiertan apetitos que estimulan aun más conductas inmorales. La siguiente historia sobre la seducción de un hombre es similar a la de muchos que han caído en las redes de la tentación.

Pete, de diecinueve años, estaba en casa de un compañero mirando un partido de fútbol y comiendo pizza con los muchachos. En el entretiempo, su amigo introdujo un video en el reproductor, y de pronto, Pete tenía frente a sus ojos la basura de una película pornográfica. Todos sus compañeros festejaban.

Demasiado acobardado para levantarse e irse, Pete se quedó en su asiento y al cabo de unos minutos estaba inmerso en la película e identificado con los personajes de la pantalla y las perversiones que hacían. Al poco tiempo, Pete ya estaba alquilando sus propias películas de sexo explícito y comprando regularmente revistas pornográficas. Una vez que se permitió ese desliz, no le resultó difícil racionalizar lo que vino después.

«No me di cuenta a lo que me estaba exponiendo con todas esas películas», me comentó. «Finalmente quise probarlo por mí mismo. No le veía nada malo a la masturbación, no lastimaba a nadie y no se corría ningún riesgo o nada por el estilo. Pero al cabo de un tiempo, no fue suficiente. Quería experimentar el goce que veía en la pantalla. Al principio tenía temor de estar haciendo algo malo, pero luego esa inquietud simplemente desapareció. Después de ceder a mis deseos, la pasión me desbordó y nada más me importó. A decir verdad, era excitante hacer cosas tan prohibidas. Después de tener algunas relaciones sexuales con muchachas que me presentaron mis amigos, buscar oportunidades de tener sexo con cualquier mujer se convirtió en parte natural de mi vida, para poder experimentar las cosas que veía en las revistas y videos.

»Un día estaba en una cafetería y me crucé con una chica cristiana muy hermosa que había conocido en la secundaria y que siempre me había gustado. Me imaginaba invitándola un día a salir, pero era tan pura e inocente que bastaba observarla para sentirme una piltrafa. Por primera vez en mi vida me vi tal como era, y apenas podía creer lo que había hecho de mi vida. Me dieron náuseas».

De lo que Pete no se había dado cuenta es de que cuando se permitió mirar pornografía, realizó una *transacción espiritual*. Su herencia como creyente en Cristo Jesús se vio corrompida por el demonio de las malas pasiones.

UN ESPÍRITU DEMONÍACO DETRÁS DE LA IMAGEN

Porque pueden estar seguros de que nadie que sea avaro (es decir, idólatra), inmoral o impuro tendrá herencia en el reino de Cristo y de Dios.

EFESIOS 5:5

El ceder a sus deseos sexuales puede no haber comprometido la salvación de Pete, pero contaminó drásticamente su herencia del reino de paz, gozo, confianza y autoridad. Demasiados creyentes autocomplacientes ignoran el poder espiritual oculto detrás de las imágenes pornográficas. El poder seductor de las imágenes en los videos que Pete miraba, el *ídolo* que «adoraba» cuando miraba esas revistas, era el *espíritu demoníaco* escondido detrás de las imágenes. Esa es la definición de idolatría: la adoración de una imagen que oculta un demonio. No cabe duda de que la forma más popular de idolatría hoy día es la pornografía. Tu rodilla no tiene por qué estar literalmente hincada ante ella, pero es allí donde habitualmente vienes a «adorar». En mis años de consejería pastoral he visto que la pornografía está en la raíz de los problemas asociados a los pecados sexuales que aquejan a la mayoría de la gente, especialmente en el caso de los hombres. Por desgracia, un número creciente de mujeres también se ve seducida por la misma atracción demoníaca.

Los pecados sexuales dan lugar a apetitos que lo único que logran es generar más conductas inmorales (más desenfreno) y aumentar la perversión. La carne se rige por la ley de la *codicia*. La palabra griega para codicia, *pleonexia*, significa un capricho insaciable, que siempre procura más. Como decimos comúnmente, expresa la idea de un deseo impropio de tener «lo que quiero y cuando yo quiero». El deseo de algo se transforma en la motivación avasallante del alma del sujeto, y él o ella nunca están satisfechos. La persona queda enredada en las cadenas de la lujuria y convierte al objeto de esa compulsión en su ídolo. La codicia es tan grave que ha sido expresamente prohibida en uno de los mandamientos fundamentales de Dios (Éxodo 20:17). Pete, una vez que cedió a los deseos sexuales, se vio arrastrado a un hábito implacable que pronto se transformó en una poderosa adicción.

La gente lucha contra todo tipo de adicciones, las cuales muchas veces están fomentadas y manejadas por demonios. Pero el ser indulgentes con la inmoralidad sexual nos arrastrará a niveles más profundos y oscuros de esclavitud. Cuando le damos cabida, el espíritu de la lujuria además de atizar las pasiones de nuestra carne entabla una guerra por el *control*. Nadie está a salvo de que el poder de la sexualidad se convierta en un medio que nos domina.

LA GUERRA POR EL CONTROL

Cuando violó la ley la primera vez, un sensor en el alma de Pete registró el hecho internamente. Pero después de entregarse al espíritu de la lujuria, Pete perdió el control. Hay una verdad espiritual según la que *nos asemejamos al espíritu al que nos sometemos*. Cuando nos sometemos al Espíritu Santo, la santidad se manifiesta en nuestras vidas. Cuando nos sometemos al espíritu de la lujuria, como Pete descubrió por sí mismo, la lujuria se adueña de nuestras vidas (1 Pedro 1:13-16).

Después de ver la película, Pete sintió que tenía *licencia* —o permiso— para proseguir. La Palabra de Dios se expresa claramente en contra de ser *licencioso*, refiriéndose a este término como lascivia y avidez en la *Reina-Valera* (1960) y como inmoralidad sexual en la *Nueva Versión Internacional* (Marcos 7:22; Romanos 13:13; 1 Corintios 12:21; Efesios 4:19). La Palabra de Dios es terminante porque la inmoralidad apaga los sensores que él puso en el corazón humano y que nos ayudan a afirmar nuestros valores. Al cristiano se le advierte una y otra vez que se cuide del espíritu de desenfreno que intenta justificar la conducta inmoral, porque basta capitular una vez para que el espíritu de las malas pasiones se empeñe en su engaño seductor.

Nos asemejamos al espíritu al que nos sometemos.

Pete se dejó engañar por una de las mentiras más antiguas: la masturbación es inofensiva. Al contrario, la masturbación incluye fantasías que se relacionan con la idolatría. La fantasía, la pornografía y la masturbación están estrechamente vinculadas. Nuevamente, nos referimos a una *imagen* tras la cual se oculta un demonio, ya sea que dicha imagen esté impresa en la pantalla o en la mente de uno. Esta es la razón por la cual nunca me he encontrado con un creyente sincero que, dispuesto a ser totalmente honesto con respecto a sus sentimientos más profundos, no haya estado de acuerdo conmigo en que *sabía* que la masturbación estaba mal.

La masturbación se opone a toda la entrega (la antítesis del egocentrismo) que Dios pretende para nuestra sexualidad y satisfacción sexual, y es contraria a la disciplina personal, ese aspecto del carácter y de la obediencia tan vital para ser discípulos del Señor Jesucristo. El sometimiento al espíritu de la lujuria sume finalmente a la persona en una dimensión de esclavitud de la cual es difícil escapar sin el poder de Señor Jesucristo. Los esfuerzos propios para vencer este espíritu por medio de una reconsagración parecen inútiles sin un encuentro de poder con Jesús, que incluya confesión, renuncia y liberación.

La Palabra de Dios declara que «los malos deseos del cuerpo» y «la codicia de los ojos» no son de Dios sino del mundo (1 Juan 2:16). El sistema del mundo nos incita a someternos a la fantasía y al placer, y glorifica el espíritu del hedonismo y la avaricia. Quienes se rinden a esa ilusión dejan que sus mentes se conformen a los dictados del mundo, que aprueba y presenta la corrupción moral con sus mejores galas. No es necesario ir tan lejos y llegar a la pornografía para darnos cuenta de esto; basta salir y mirar los carteles publicitarios que recurren a imágenes sexuales explícitas para vender cualquier cosa bajo el sol. La pornografía ha invadido todas las facetas de nuestra cultura, desde la programación diaria televisiva hasta el envase de los productos. El propósito de todo esto es ocupar la mente, excitar la carne y contaminar el alma.

He aconsejado a gente de todos los estratos sociales —casados, solteros, adolescentes; redimidos y rebeldes; los victoriosos en la lucha y los caídos y devastados. No cabe duda de que por ser hombre me siento especialmente llamado por el Señor a dirigirme a los hombres. Sin embargo, el caso de Pete no es la única forma en que el pecado sexual exacerba el apetito por más conductas inmorales. Las mujeres que se entretienen con el juego de la seducción o aprovechan el sexo para obtener favores emocionales o materiales de los hombres están igualmente sometidas al espíritu de la lujuria, en esclavitud y luchando por el control.

Estaremos bajo el dominio del espíritu al que nos sometamos. Si nos sometemos al Espíritu Santo de Jesucristo, obtendremos la victoria y gozaremos una vida de pureza.

EL TORMENTO DEL PECADO

¿De dónde surgen las guerras y los conflictos entre uste-
des?¿No es precisamente de las pasiones que luchan dentro de
ustedes mismos? Desean algo y no lo consiguen.
SANTIAGO 4:1-2

Pete no es feliz, como tampoco lo son los creyentes que
como él dan cabida al pecado sexual. «Las guerras y los conflictos» a las que se refiere este pasaje de las Escrituras se dan
muchas veces dentro de uno mismo. La corrupción moral y la
inmoralidad drenan la paz del corazón y de la mente. Cuando
los creyentes viven en impureza sexual, sus vidas son rehenes de
una lucha continua por el control y sufren el constante tormento inducido por el desfile de pensamientos que tratan desespe-
radamente de frenar.

Consideremos el caso de un hombre que le abrió la puerta
al pecado sexual y cómo esto lo llevó a la peor depravación
humana y trasgresión. Su historia fue titular de noticias hace
más de veinte años. Me refiero a Ted Bundy, un individuo ele-
gante cuyo encanto ocultaba la vida secreta de un sociópata
manipulador, violador y asesino en serie.

En su última entrevista, realizada el día antes de su ejecu-
ción, Bundy le detalló increíblemente al Dr. James Dobson
cómo se había criado en un «sólido hogar cristiano». Sin embargo, según admitió Bundy, su exposición a la pornografía a la edad
de doce años fue el principio de una carrera descendente que lo
convirtió en un famoso asesino en serie. Debido a la violencia
sexual que alimentaba sus fantasías, Bundy refirió que las inhibi-
ciones morales que le inculcaron en su educación cristiana se vie-
ron totalmente sobrepasadas por su adicción a la pornografía.

Describió una guerra librándose dentro de sí entre la noción del bien y el mal, la cual se le inculcó de niño, y la pasión descontrolada que desató en él la pornografía dura y violenta. Cuando Bundy finalmente tuvo que optar, los vestigios de prudencia sembrados en su infancia cristiana no fueron suficientes para frenarlo. Confesó haber violado y matado a más de veinte mujeres, y fue ejecutado en Florida en 1989 por el asesinato de una niña de doce años. Su historia ilustra el tormento que puede resultar de la impureza sexual, y nos presenta una evidencia aterradora de la capacidad que toda persona tiene para el mal, una vez que el ídolo de la pornografía reemplaza el gobierno de Cristo en el corazón.[1]

LA DEVOCIÓN AMOROSA A CRISTO

Las Escrituras no nos convocan a la negación de nuestra sexualidad sino a la *devoción a Jesucristo*. Nuestro amor por él promoverá la obediencia a la disciplina de su señorío en nuestra vida y traerá progresivamente la máxima expresión de todo lo que podemos ser, incluyendo lo que podemos llegar a ser sexualmente. Para ello debemos someternos al señorío de Jesucristo, negándonos a seguir el camino dictado por el mundo que nos rodea. En el caso de Pete, esto hubiese consistido en el ejercicio de la sabiduría y la fuerza de voluntad para levantarse del sillón y dejar que sus amigos miraran solos ese video. O mejor todavía, Pete podría haber hecho saber a sus amigos que no deseaba degradarse a algo tan vulgar. Puede que tal vez se burlaran de él por no querer ser un «chico como todos», pero también es posible que su actitud hubiera animado a otros a reconocer la bajeza de esa vulgaridad.

La mayoría de nosotros, como creyentes en el mundo cotidiano, nos enfrentamos sistemáticamente a elecciones como la de Pete, ya sea ante el hecho de demorarnos un poco en un canal para adultos mientras cambiamos de estación, o comprometiendo nuestra pureza con diversas lecturas u otro tipo de entretenimiento, justificando muchas veces nuestra acción como algo necesario para mantenernos al tanto con la cultura. Pero se necesita carácter, convicción y conciencia para oponernos y apartarnos de la multitud. Jesús nos da la razón para mantenernos firmes, aunque signifique quedarnos solos: «Entren por la puerta estrecha. Porque es ancha la puerta, y espacioso el camino que conduce a la destrucción, y muchos entran por ella. Pero estrecha es la puerta, y angosto el camino que conduce a la vida, y son pocos los que la encuentran» (Mateo 7:13-14).

Con respecto al pecado sexual —como ya lo hemos visto con toda su crudeza, en el más literal de los sentidos— la decisión es entre la vida y la muerte. No solo arriesgamos nuestro cuerpo; el daño espiritual y emocional puede ser monstruoso.

EL DISCIPULADO DEL REINO Y SU DESARROLLO

En los años de liderazgo pastoral en el ministerio a los hombres de mi congregación, me di cuenta de que mi objetivo no era simplemente contrarrestar las tentaciones masculinas, incluyendo la satisfacción del deseo sexual, sino apuntar hacia objetivos más elevados y al valioso destino de convertirnos en los hombres que Dios nos creó para ser. Me propuse cultivar en cada hombre el deseo de ser una persona promotora del reino de

Dios, que Jesús fuera visto en ellos y que cada uno de ellos fuera una luz en la oscuridad en su ámbito de influencias.

Nuestra vida como creyentes no se limita a la salvación personal y bendición, sino que también conlleva crecimiento y discipulado. El discipulado incluye la *disciplina*, el ejercicio fiel que hubiera prevenido el giro destructivo que tuvo la vida de Pete. El discipulado consiste en creyentes que *promueven el reino de Dios en la tierra*, y son la respuesta a su propia oración, la oración que Jesús instruyó a sus discípulos: «Venga tu reino, hágase tu voluntad en la tierra como en el cielo» (Mateo 6:10). De este modo se establecen agentes al servicio de su reino, creyentes en Cristo Jesús que viven como «reyes y sacerdotes», guerreros fieles y adoradores santos (Apocalipsis 1:6).

No hay nada que traiga al creyente una mayor predisposición a sentirse inhabilitado que la condena, la confusión y la esclavitud por violar el pacto con Dios a causa de un pecado sexual. Una aventura por simple curiosidad prepara el escenario para sufrir la parálisis de una esclavitud total, como le sucedió a Pete. Sin embargo, todo el que esté dispuesto a dejar el pecado y arrepentirse podrá recuperarse y restaurar su vida hasta alcanzar la integridad, el propósito y la plenitud en Jesucristo.

Ayuda para obtener esperanza y sanidad

Que se aparte de la maldad todo el que invoca el nombre del Señor. En una casa grande no solo hay vasos de oro y de plata sino también de madera y de barro, unos para los usos más nobles y otros para los usos más bajos. Si alguien se mantiene limpio, llegará a ser un vaso noble, santificado, útil para el Señor y preparado para toda obra buena. Huye de las malas pasiones de la juventud, y esmérate en seguir la justicia, la fe, el amor y la paz, junto con los que invocan al Señor con un corazón limpio.

2 TIMOTEO 2:19-22

REFLEXIONO

¿Qué pecado me ha atrapado con su anzuelo de esclavitud? ¿He honrado mi pacto con Dios con respecto a las cosas que miro? ¿Siento siquiera un mínimo resquemor por haber usado mi sexualidad para conseguir un favor o un reconocimiento? ¿En qué pienso la mayor parte del tiempo? Es decir, ¿a qué «adoro»? ¿Qué tan franco estoy dispuesto a ser cuando, a la luz de la Palabra de Dios, el Espíritu Santo me convence de pecado?

ACUDO AL SEÑOR EN ORACIÓN

Dios Padre, vengo a ti en humildad y arrepentimiento por haberme concedido a mí mismo el goce de cosas indignas, que han esclavizado mi alma. Por el poderoso nombre de Jesucristo, renuncio a seguir involucrado en dicho pecado y declaro que me apartaré de él. Invoco la sangre de Jesucristo sobre mi vida, pidiéndote que me perdones toda injusticia. Guíame por el sendero recto, Dios Padre. Líbrame del maligno. Levanta tu defensa a mi alrededor y guarda mi corazón. Declaro a Jesús como Señor de mi vida y entrego mi espíritu, alma y cuerpo a tu voluntad, Dios Padre. Gracias por redimirme; te encomiendo mis caminos desde hoy en adelante. En el nombre de Jesús, te lo pido. Amén.

Capítulo 10

LOS PECADOS SEXUALES
RESQUEBRAJAN LA CONFIANZA
EN TODO EL CUERPO
DE CRISTO

Porque ninguno de nosotros vive para sí mismo,
ni tampoco muere para sí.
ROMANOS 14:7

La novena razón de por qué el pecado sexual es peor que otros pecados es porque resquebraja la confianza en todo el cuerpo de Cristo. El impacto de la impureza sexual no se limita a nuestra vida privada y relaciones personales sino que afecta también a nuestros hermanos y hermanas en el Señor, como resulta claro de la siguiente carta que me escribieron.

Querido Pastor Jack:

He sido líder de jóvenes por dos años. Los jóvenes —y sus padres— confiaron en mí para que los desafiara y motivara a alcanzar metas y normas de vida elevadas, para poder crecer como creyentes firmes como una roca en un mundo donde «todo vale».

Sin embargo, mientras en el grupo alentaba la abstinencia prematrimonial de los adolescentes, me consentí una aventura con una mujer inconversa. De algún modo me convencí de que si no era cristiana, al menos no comprometía su testimonio, y que por lo tanto no había problemas en tener relaciones sexuales con ella. Reconozco que puede parecer absurdo, pero es la verdad: ¡Qué ciegos nos puede volver el pecado! De todas formas nunca pensé que fuéramos a tener un romance largo, pero después de varios encuentros, quedó embarazada.

De pronto, todo lo que predicaba a esos jóvenes —varios adolescentes para quienes era su fuente de referencia espiritual— se convirtió en una farsa. El descubrimiento de mi hipocresía sacudió a todos como si fuera un terremoto, fue destructivo para los jóvenes, sus padres y la iglesia. Como efecto secundario, muchos de ellos comenzaron a dudar de la existencia de Dios. Su razonamiento fue el siguiente: ¿Por qué creer en lo que se les había enseñado (incluyendo el andar en pureza delante de Dios) si su propio líder no cumplía las reglas? Los obligué a cuestionarse si el Jesús al que habían aprendido a alabar era realmente digno, ya que sus representantes oficiales podían vivir tan indignamente como yo.

Chuck

Los resultados devastadores de la deshonestidad y el pecado autodestructivo de Chuck ilustran cómo cuando un líder de la iglesia cae en pecado su conducta influye o repercute en *todo* el cuerpo de Cristo. Es un hecho sabido por todos que muchas almas han visto su fe sacudida hasta la médula por la impureza sexual de parte del liderazgo espiritual. Los casos como el de Chuck no son más que obras maliciosas y sin ambages de nuestro adversario común, que sabe que si se ataca al pastor, las ovejas se dispersarán (Mateo 26:31).

Hasta el miembro menos visible puede debilitar la estructura del cuerpo de Cristo.

Sin embargo, no podemos pasar por alto que los pecados sexuales de *cualquier* creyente pueden abrir brechas calamitosas para la salud de la iglesia. Ya sea que la impureza sexual o cualquier otro fracaso se haga público o no, necesitamos tener bien en claro el efecto corrosivo de los pecados sexuales, aun de los más privados. Sea cual fuere su influencia o imagen pública, hasta el miembro menos visible puede debilitar la estructura del cuerpo de Cristo. Como una única célula cancerígena liberada en el sistema del cuerpo humano, cualquiera de nosotros puede desencadenar el síndrome de muerte y pecado en el seno de la iglesia. ¡Nadie vive o muere para sí!

Cuando el apóstol Pablo escribió a la iglesia de Corinto para enseñar que «el cuerpo es templo del Espíritu Santo» (1 Corintios 6:19), se refería a sus cuerpos físicos, pero también se dirigía al *cuerpo de los creyentes*. La Biblia, además de dirigirse al cuerpo individual y personal de cada hombre y mujer, también habla al cuerpo de Cristo *en su conjunto*. La Palabra de Dios es explícita y enfática cuando afirma la profundidad de la relación mutua como hermanos y hermanas en Cristo, y el daño que inflige al resto del cuerpo el pecado de uno solo de sus miembros.

> Todos fuimos bautizados por un solo Espíritu para constituir un solo cuerpo ... Ahora bien, el cuerpo no consta de un solo miembro sino de muchos ... Si uno de los miembros sufre, los demás comparten su sufrimiento; y si uno de ellos recibe honor, los demás se alegran con él. Ahora bien, ustedes son el cuerpo de Cristo, y cada uno es miembro de ese cuerpo (1 Corintios 12:13-14, 26-27).

LAS REGLAS DEL REINO

Con las concesiones que caracterizan a nuestra sociedad, se postula la idea de que las personas deberían poder hacer lo que quieran, cuando quieran, y con quien quieran. Los medios de comunicación rinden homenaje a este paradigma comunicando al mundo la idea falsa de la liberación sexual. No obstante, es importante que los creyentes tengamos claro que el principio de vida del Reino —que nos invita a rendirnos cuentas recíprocamente y rehusarnos a mancillar el cuerpo de Cristo con el pecado sexual— no tiene relevancia para quienes no están en Cristo. No hay principio moral con qué apelar al mundo porque el espíritu del mundo está ciego y muerto. Los ciegos no pueden ver los principios del reino, y los muertos no pueden vivirlos.

Esto no implica que los inconversos no sufran las horrendas consecuencias destructivas del pecado sexual, de alcance emocional, psicológico, físico y espiritual. Significa, en realidad, que no tienen esperanza de recuperación en esos aspectos, se encuentran perdidos en la oscuridad porque no tienen la luz del mundo, a Jesús, quien dijo: «El que me sigue no andará en tinieblas, sino que tendrá la luz de la vida» (Juan 8:12).

Que quede pues asentado en nuestras almas: cuando nosotros, los que hemos aceptado al Dios viviente en nuestras vidas, actuamos de *cualquier* modo violatorio del orden y los caminos del reino de Dios, se produce un disturbio terrible en el mundo invisible. Este desorden no se puede contener sin confesión, arrepentimiento y renuncia al pecado. De lo contrario, los efectos se propagarán por el cuerpo de Cristo, provocando círculos concéntricos de corrupción en permanente expansión.

Ni tú ni yo tenemos el derecho de vivir con menos que un respeto muy serio por este principio del reino: no tenemos derechos individuales. Estamos convocados a administrar la confianza que tenemos en las relaciones con todos nuestros hermanos y hermanas en Cristo, somos *uno* con ellos en su cuerpo.

LA DECISIÓN CORRECTA

Chuck renunció al liderazgo y dejó su iglesia. Por desgracia, esta fue una renuncia tardía, porque en realidad ya había *renunciado* antes de *caer*; es decir, se había desvinculado espiritualmente de su responsabilidad cuando dio lugar al engaño satánico y se entregó a sus propios deseos carnales. Mejor hubiera sido que con su renuncia, en vez de huir, se hubiera arrepentido con más determinación y hubiera procurado el perdón y la restauración de su iglesia. Frente a fracasos como el de Chuck, un arrepentimiento diligente y responsable frenará la corriente del mal antes de que avance. El arrepentimiento *contrarresta* lo que de otra forma puede transformarse en un grave desborde de odio y desconfianza, que muchas veces puede resultar en más pecado cuando otros, otorgándose licencia debido al mal ejemplo que se les presentó, deciden imitar el fracaso del caído. Cuántos hay que han tomado esa ruta de frustración carnal murmurando con amargura: «¡Si las cosas son así, yo me largo!»

Por ello se nos llama a mantener principios de integridad; pero con el eco de ese llamado resonando aún quisiera, estimado lector, que nuevamente prestes atención a la gracia y la bondad divinas. No permitas que una nube de condenación te envuelva. No dejes que la angustia y el desánimo te hagan cerrar este libro, sintiéndote frustrado o irritado por tener que luchar con el recuerdo del fracaso de alguien en quien confiabas. Más aun, ten siempre presente la necesidad de diferenciar entre aquellos que experimentan un instante de tropiezo y caída, y los que persisten en el pecado sexual y tratan de presentar la rectitud como algo relativo para justificar su lujuria.

La victoria está siempre al alcance de los que invocan al Señor. Jesús es el liberador, el Salvador que perdona, y como discípulos de él, tú y yo somos candidatos seguros de su misericordia, la cual sobrepasa nuestro fracaso, si venimos ante él sin excusas y nos postramos en absoluta humildad. Alabado sea Dios porque nuestra salvación no depende de nuestra perfección sexual. Cuando fallamos, hay posibilidad de perdón y restauración. Entonces, renovemos nuestro compromiso como discípulos de Jesucristo (arrepintámonos y decidámonos a andar nuevamente conforme a las disciplinas fundamentales para que él viva su vida en nosotros), y él nos levantará con su mano poderosa y recuperaremos la pureza y la vitalidad.

Es indudable que los pecados sexuales resquebrajan la confianza dentro del cuerpo de Cristo. Sin embargo, si bien es cierto que el perdón y la plena restauración son posibles cuando un creyente se arrepiente, *¡hay más!* Si estás arrepentido, escucha esta verdad: la misma gracia que cubre tu fracaso también puede poner en marcha el proceso para borrar cualquier impresión nociva que tu fracaso pueda haber provocado.

¡Jesús es un redentor magnífico! ¡Magnífico!

AYUDA PARA OBTENER ESPERANZA Y SANIDAD

Todos los demás pecados que una persona comete quedan fuera de su cuerpo; pero el que comete inmoralidades sexuales peca contra su propio cuerpo.
1 CORINTIOS 6:18

REFLEXIONO

¿Qué aspectos de mi vida han resquebrajado la confianza del cuerpo de Cristo al solo pensar en mí respecto al sexo? ¿Hay alguien en mi congregación que haya traicionado mi confianza involucrándose en un pecado sexual? Una vez que se arrepintieron, ¿les respondí con perdón o con cinismo?

ACUDO AL SEÑOR EN ORACIÓN

Padre Dios, perdóname por haber perjudicado las relaciones con mis hermanos y hermanas en Cristo, y contigo. Soy responsable de pecados y engaños que quise creer que solo me afectaban a mí. Doy la bienvenida a la luz de tu verdad para que queme toda mentira en mi vida. Me arrepiento y abandono aquellas cosas que además de indignas, lastiman e invalidan el cuerpo de Cristo. Te pido, en tu gran misericordia, que liberes a todos los que hayan respondido con cinismo o me hayan negado el perdón, cegados por causa de mi pecado. Libéralos, querido Señor, para restaurar nuestra comunión otra vez. Gracias por tu restauración, Señor. Hoy reasumo mi justo lugar como discípulo de Jesús. En el nombre bendito de Jesús, amén.

CAPÍTULO 11

LOS PECADOS SEXUALES SON UNA AFRENTA AL SEÑORÍO DE JESUCRISTO

¿No saben que sus cuerpos son miembros de Cristo mismo?
¿Tomaré acaso los miembros de Cristo para unirlos con
una prostituta? ¡Jamás! ¿No saben que el que se une a una
prostituta se hace un solo cuerpo con ella?
Pues la Escritura dice: «Los dos llegarán a ser un solo cuerpo».
Pero el que se une al Señor se hace uno con él en espíritu.
1 CORINTIOS 6:15-17

Por último, y lo que es más grave, el pecado sexual es peor que otros pecados porque

- además de incapacitar nuestra propia vida y herir a los demás,
- además de comprometer nuestra habilidad de encontrar y mantener relaciones sanas,

- además de permitir la posibilidad de un sufrimiento que no solo nos afecta a nosotros,

también atenta contra el santo señorío de Jesucristo.

Esta afrenta al señorío de Jesucristo es un hecho que nos cuesta señalar porque es algo escandalosamente impropio, a pesar de ser por desgracia cierto. Aunque quien firma esta carta no se percató de ello, el punto de vista del padre creyente, que a ella le resulta desconcertante, llega al fondo de la cuestión de por qué los pecados sexuales son en realidad peores que los otros.

Querido Pastor Jack:

Cuando era una niña siempre me pareció extraño que cuando salía de casa mi papá me dijera: «Lleva a Jesús contigo». No importaba dónde fuera o qué iba a hacer. A veces no iba más que a la tienda o a la escuela, pero él me decía lo mismo todas las veces. Cuando iba al centro comercial o al cine, mi padre siempre me decía: «Lleva a Jesús contigo».

Cuando terminé mis estudios de secundaria, era bastante alocada y rebelde. Me involucré en muchas cosas que mis padres reprobaban, algunas realmente malas. Y recuerdo que pensaba que mi padre debía estar mal de la cabeza cuando me decía: «Lleva a Jesús contigo», sabiendo perfectamente bien que estaba saliendo para encontrarme con algún muchacho con quien tener relaciones sexuales.

Rhonda

Comenzamos este libro reconociendo que el pecado sexual es peor que otros tipos de pecados por el *daño* que causa en la vida de los redimidos por Jesucristo; no porque haya categorías de pecados más o menos malos. *Todos* los pecados nos separan de Dios. *Todos* los pecados trastornan al cuerpo de Cristo; *todos* los pecados entristecen al Espíritu Santo. Pero el pecado sexual, a diferencia de otros pecados, tiene la capacidad de ser más esclavizante en la vida del creyente, inhibe en mayor grado la disposición del hombre o la mujer para ser instrumentos del Espíritu Santo y poder ministrar a otros, y tiene consecuencias devastadoras para las generaciones futuras. Hemos examinado el daño personal que el pecado sexual inflige en la vida del creyente que se deleita en él y también hemos visto el daño colateral que provoca en las relaciones del creyente con los demás.

Todos somos pecadores salvos por gracia (Efesios 2:5), y aunque a Dios los pecados sexuales no le resultan más difíciles de perdonar, nosotros que somos discípulos de Cristo hemos sido llamados a ser *más* que perdonados: hemos sido llamados a ser *santos* (1 Pedro 1:15). Como discípulos, nuestra conducta debería reflejar la santidad moral y ética de Dios, *la plenitud* de su carácter divino. El requisito de esta disciplina no es nunca tan imprescindible como cuando consideramos cómo el pecado sexual ataca al santo señorío de Jesucristo en la vida del creyente.

LA NATURALEZA SIN PECADO DE JESUCRISTO

Porque no tenemos un sumo sacerdote incapaz de compadecerse de nuestras debilidades, sino uno que ha sido tentado en todo de la misma manera que nosotros, aunque sin pecado.
HEBREOS 4:15

La Palabra de Dios dice que *Jesús estuvo libre de pecado*, y que *«al que no cometió pecado alguno*, por nosotros Dios lo trató como pecador, para que en él recibiéramos la justicia de Dios» (2 Corintios 5:21, énfasis añadido). Parecería ser innecesario en un libro escrito primordialmente para creyentes en Jesucristo recalcar la naturaleza no pecaminosa de nuestro Salvador, porque si no fuera sin pecado, el sacrificio de Jesús en la cruz no hubiera cumplido las Escrituras ni redimido nuestras vidas. Sin embargo, el espíritu del mundo recorre todos los caminos posibles en su intento por desmerecer a Jesús —quien vivió, amó y ministró como un adulto soltero— y rebajarlo a su propio nivel.

> *El pecado sexual es peor que otros tipos de pecados por el daño que causa en la vida de los redimidos por Jesucristo.*

El que la Palabra de Dios declare indiscutiblemente la pureza de Jesucristo no significa que él no sea absolutamente humano. Hebreos 4:15 dice que fue «tentado en todo de la misma manera que nosotros». Pero a diferencia de nosotros, Jesús nació de una virgen, y caminó en perfección absoluta y sin pecado. Eso significa que preservó su mente, y sin duda sus relaciones, para que fueran puras y sin concesión moral alguna.

Hay mucha especulación sobre la relación de Jesús con las mujeres, en especial con María Magdalena. Continuamente se propone, e incluso a veces por pastores, que Jesús estaba enamorado de María Magdalena. Todos hemos escuchado la presentación de María Magdalena como una joven y atractiva exprostituta, la cual tuvo desde un enamoramiento hasta relaciones sexuales con Jesús. Sin embargo, no hay *nada* en la Biblia que indique que María Magdalena fuera joven o prostituta, ni nada que permita inferir algo impuro entre ella y el Salvador. En realidad, es posible que María Magdalena fuera una mujer mayor, de la misma edad que María, la madre de Jesús.

Por supuesto que es razonable suponer que las mujeres se sintieran atraídas por Jesús, pero no porque él tuviera algo de seductor o de galán. Había algo tan *íntegro* en Jesús que las mujeres sabían que podían *confiar* en él. En la cultura de la época, en la que las mujeres disponían de pocos recursos propios y eran muy vulnerables a la explotación, ellas reconocían la pureza de Jesús y podían darse cuenta de que era *seguro* acercarse a la bondad que veían en él. No temían que él las manipulara o se aprovechara de ellas; las mujeres sabían que podían acercarse al Señor y encontrar las respuestas genuinas a las necesidades más profundas de sus almas.

LA VERDADERA TENTACIÓN DE CRISTO

Por eso era preciso que en todo se asemejara a sus hermanos, para ser un sumo sacerdote fiel y misericordioso al servicio de Dios, a fin de expiar los pecados del pueblo. Por haber sufrido él mismo la tentación, puede socorrer a los que son tentados.
HEBREOS 2:17-18

El espíritu del mundo tiene un interés propio en descalificar el santo señorío de Jesucristo y hacer de él un hombre que cedió ante la tentación. La secularización de Cristo, tan de moda hoy en día, la cual está presente en libros, películas y discursos intelectuales, concuerda con otros intentos de «estirar» la verdad espiritual del evangelio y transformarlo en una filosofía o humanismo.

En 1988, la película *La última tentación de Cristo* encendió una controversia cuando sugirió que además de existir una relación romántica entre María Magdalena y Jesús, este podría haber decidido no morir en la cruz. Los defensores del film declararon que se trataba solo de una alegoría; sin embargo, sembrar *la duda* en la mente de las personas con respecto al carácter y la naturaleza del Señor es una de las maniobras con que el adversario nos engaña.

Más recientemente, el libro seudohistórico *El Código Da Vinci* y el irrisorio informe de «investigación» de una cadena televisiva titulado «Jesús, María y Da Vinci» proponen que Jesús se casó y tuvo un hijo.[1] Que algún miembro de la comunidad cristiana se moleste en tomar en serio estas ideas es asombroso, porque niegan el hecho central de la identidad de Jesús y su propósito en el mundo: el Hijo de Dios, sin pecado, se sacrificó por nosotros para redimirnos de nuestros pecados.

Al convertir a Jesús en un ser humano caído como cualquiera de nosotros, Satanás lo neutraliza como Salvador. Cuando engaña a la gente y le hace creer que no hay diferencia entre un Jesús con o sin pecado, el príncipe de este mundo elimina con éxito el que la humanidad sienta necesidad de arrepentimiento y de salvación, y le da al mundo toda la justificación que precisaba para continuar su perverso declive hacia la nada. Es la artimaña perfecta del enemigo de nuestra alma para embaucarnos y hacernos creer que nuestra vida no necesita ser redimida por Jesucristo. En este contexto, el magnífico plan de la salvación de Dios no es nada más que una superstición o un cuento tradicional de carácter anecdótico.

La Biblia dice que el sufrimiento y la tentación que Cristo padeció fue en nuestro lugar, y por ello puede ayudarnos a resistir la tentación en nuestra vida (Hebreos 2:17-18). La tentación en la vida de Cristo fue vencida a nuestro favor, él nunca se dejó llevar por un interés personal.

JESÚS NOS ACOMPAÑA DONDEQUIERA QUE VAYAMOS

La Biblia dice que cuando un creyente se involucra en un pecado sexual, él o ella están tomando un miembro de Cristo y llevándolo hacia la inmoralidad sexual. Cuando el padre de Rhonda le decía: «Lleva a Jesús contigo», sabiendo con certeza que iba a un motel a tener relaciones sexuales ilícitas, *sabía perfectamente lo que estaba diciendo.* Esta es una imagen brutalmente gráfica, pero que debe grabarse en nuestra mente para que el mensaje de este libro tenga pleno impacto en el creyente: en última instancia, el pecado sexual es peor que otros pecados porque la inmoralidad sexual de un creyente *prostituye el cuerpo de Cristo.*

La Escritura encara a quienes han sido redimidos por el Señor, cuyos cuerpos son miembros de Cristo: «¿No saben que sus cuerpos son miembros de Cristo mismo? ¿Tomaré acaso los miembros de Cristo para unirlos con una prostituta? ¡Jamás! ¿No saben que el que se une a una prostituta se hace *un solo cuerpo* con ella? Pues la Escritura dice: "Los dos llegarán a ser un solo cuerpo"» (1 Corintios 6:15-16, énfasis añadido). El corolario grotesco e inequívoco que se deduce de la verdad que acabamos de considerar en el capítulo anterior —que los pecados sexuales resquebrajan la confianza de todo el cuerpo de Cristo— es que cualquiera sea el acto de inmoralidad en que nos involucremos con nuestro cuerpo, estamos también obligando al Espíritu de Señor Jesucristo, que mora en nuestro interior, a cometerlo junto con nosotros.

¿Quién se imagina a sí mismo presionando al Señor Jesús a tener relaciones sexuales con otra persona? ¿A quién se le podría ocurrir obligarlo a acostarse y forzarle a tener una relación sexual? ¿O pedirle que se pare frente al inodoro y se masturbe?

Sin embargo, eso es exactamente lo que sucede cuando sometemos a Cristo, que mora en nosotros, a la propia voluntad humana.

Como ya hemos afirmado, el Señor vive en nosotros y nuestro cuerpo no nos pertenece. Por lo tanto, todo lo que hagamos con nuestros cuerpos, *Jesús lo hará con nosotros*. Esto tiene que quedar plasmado en nuestra mente: dondequiera que vayamos, lo que sea que hagamos, llevamos a Jesucristo con nosotros. Si robo con mis manos, Jesús está robando. Si miento con mi boca, es la boca de Jesús la que miente. Y si caigo en inmoralidad sexual, estoy humillando al cuerpo de Jesús y al señorío de Cristo en mi vida. Él nos redimió del pecado y nos llamó a vivir en obediencia a su voluntad y no conforme a la nuestra. Quienes hemos recibido la vida del Dios viviente somos persuadidos por el Espíritu Santo que ahora mora en nosotros a andar en pureza delante de él.

UNA CACHETADA EN LA CARA

Cuando los hijos de Anna y míos eran pequeños, en alguna ocasión, pocas y poco frecuentes, me pareció que no podía transmitirles lo preocupado que estaba por algo que estaban haciendo. Más de una vez procurábamos corregir a nuestros hijos, pero ellos no parecían registrar el mensaje que deseábamos transmitir. Como padre, mi sentía dolido por su actitud, porque aunque no fueran rebeldes, percibía que yo no era lo suficientemente claro como para que me comprendieran.

Las pocas veces que sentí necesidad de hacer lo que estoy por referir, mis ojos se llenaban de lágrimas cuando le pedía al hijo en cuestión que viniera a verme. Me aseguraba de mirarlo a los ojos y le decía: «Papá está realmente disgustado con esto, y tú no pareces darte cuenta. Te quedas ahí sentado, y apenas das muestras de comprender lo que te digo. Estira el brazo». Tomaba al niño del brazo y le pedía: «Abre la mano, bien dura». Luego, tan fuerte como podía, sosteniendo el brazo del niño, me daba una cachetada en mi propia cara. *Nos dolía a ambos*. Me dejaba una marca roja en el rostro y la palma de la mano del niño también quedaba enrojecida. Mi hijo me miraba asombrado, comenzaba a sollozar: «¡Papá!», y luego empezaba a llorar. Por fin mi hijo o mi hija podían sentir cuánto me habían herido. La conducta de mis hijos no los lastimaba solo a ellos sino que también le dolía a su padre.

La Escritura nos advierte: «No agravien al Espíritu Santo de Dios» porque como el Espíritu Santo ahora mora dentro de nosotros hemos sido «sellados para el día de nuestra redención» (Efesios 4:30), un acto de gracia que solo fue posible por el sacrificio de nuestro Salvador Jesucristo, que era sin pecado. Todo aquel que invoca el nombre de Jesús es responsable de adquirir el carácter y la naturaleza de Dios, a cuya imagen fuimos creados, y de preservar el señorío de Jesucristo en nuestra vida andando en pureza y santidad de pensamiento, palabra y acción. Ir tras un estilo de vida menos elevado que este es tan doloroso para Dios Padre como darle una cachetada en la cara.

No obstante, así como abrazaba a mis hijos arrepentidos —cuando finalmente comprendían de corazón la gravedad de lo que se hacían a sí mismos y a mí, y era evidente que ya no volverían a obrar mal— también a través del sacrificio de su propio hijo amado, Jesús, nuestro Padre Dios extiende sus brazos de amor, perdón y restauración a quienes con sinceridad, humildemente, de verdad y sin reservas nos acercamos en confesión, arrepentimiento y renuncia de nuestros pecados.

AYUDA PARA OBTENER ESPERANZA Y SANIDAD

Sigan luchando vigorosamente por la fe encomendada una vez por todas a los santos. El problema es que se han infiltrado entre ustedes ciertos individuos que desde hace mucho tiempo han estado señalados para condenación. Son impíos que cambian en libertinaje la gracia de nuestro Dios y niegan a Jesucristo, nuestro único Soberano y Señor.

JUDAS 1:3-4

REFLEXIONO

¿De qué manera mis acciones han entristecido al Espíritu Santo, lastimado a Dios el Padre y negado el señorío de Cristo en mi vida? ¿Hay algún lugar del que me avergüence de haber llevado a Jesús conmigo?

ACUDO AL SEÑOR EN ORACIÓN

Señor, perdóname porque por causa del pecado sexual violé la pureza de tu vida en mí. Enséñame a luchar decididamente por la fe, a pesar de que el mundo me incite a satisfacer la carne. Renuncio a todo espíritu mundano que haya albergado en mí, y declaro que ya no permitiré que el enemigo de mi alma me arrastre con engaño a adoptar un estilo de vida inferior al que tú tienes diseñado para mí. Reestablece tu señorío en mi vida, conforme yo me rindo y someto todo lo que soy a ti. Te lo pido en el nombre de Jesús. Amén.

Capítulo 12

Hay esperanza para el mañana

Tú me has librado de la muerte,
has enjugado mis lágrimas,
no me has dejado tropezar.
SALMO 116:8

Juntos hemos examinado cómo las redes que el adversario nos tiende con el pecado sexual o la inmoralidad pueden asentarse en el alma, y cómo ese daño mancha, subvierte, contamina e invalida la identidad del creyente, sus emociones, creatividad, confianza y autoridad. Incluso cuando la persona no está involucrada activamente en el pecado sexual, la cicatriz que la violación de una norma dejó en el alma puede ser como el agujero que queda después de enterrar un clavo en un lugar equivocado y tener que retirarlo con la cuña del martillo. El abuso infantil, la exposición a la pornografía y la experimentación sexual en la juventud crean una tiranía que muchas veces se ve reforzada por incursiones posteriores en el pecado sexual, por aventuras compulsivas e intrascendentes.

Escribí este libro para equipar al creyente con herramientas de sabiduría bíblica, un entendimiento de la vida real y las aplicaciones prácticas necesarias para recibir o administrar integridad, salud, restauración y recuperación del daño causado por el pecado sexual. A lo largo del camino que juntos hemos recorrido tuvimos oportunidad de reflexionar sobre nuestra vida, de abandonar cualquier hábito o deleite sexual que consciente o inconscientemente hayamos dado cabida en ella; y de invitar al Espíritu Santo para que purifique, limpie, sane y nos restablezca a la plenitud. Las oraciones al final de cada capítulo, pidiendo ayuda para obtener esperanza y sanidad, incorporan muchos elementos del ministerio de liberación. Si crees en Jesucristo pero aún no has invitado al Señor para que te llene con su Espíritu Santo, espero sinceramente que anheles tener la sobreabundante gracia de Dios, su amor, poder y dones en tu vida. Para recibir esa plenitud prometida, hemos incluido una oración en el Apéndice 2. Además en el Apéndice 3 incluimos una oración de renuncia al pecado sexual y de invitación a la liberación.

Una mejor perspectiva de las verdades estudiadas en este libro exige un examen más exhaustivo de los procesos de liberación de las secuelas del pecado sexual. Señalé el camino hacia el perdón de Dios, que en su gracia abundante nos concede a pesar de nuestros fracasos. Sin embargo, muchas veces la inmoralidad sexual deja profundas impresiones emocionales, y secuelas sicológicas y personales que requieren un ministerio posterior de sanidad.

Por esta razón, es necesario contar con una lista de recursos que sirvan de ayuda en el estudio del tema de la integridad sexual. No hay un solo libro, a menos que se tratara de una voluminosa obra difícil de acometer, que pueda cubrir el amplio espectro de este tema vital, indispensable para nuestro bienestar y realización, así como para nuestro gozo y obediencia en el servicio a Cristo.

PERDONADOS, LIBERADOS, CAPACITADOS Y FORTALECIDOS

Quisiera concluir con las siguientes palabras de seguridad básica y fundamental, las cuales señalan el camino de esperanza para nuestro futuro andar en las bendiciones de la integridad sexual y la pureza de vida.

Comenzamos este estudio analizando la historia bíblica de una mujer sorprendida en el acto de adulterio. Jesús se interpuso entre ella y la sentencia de muerte de sus acusadores, y la acercó a su paz y libertad. Aunque Dios nunca aprueba el pecado, el Salvador que se interpone entre nosotros y la condena de muerte eterna nos ofrece el perdón, la liberación y la restauración si nos arrepentimos de nuestros pecados y nos volvemos a él. Este es el deseo de Dios para toda la humanidad, porque Dios «no envió a su Hijo al mundo para condenar al mundo, sino para salvarlo por medio de él» (Juan 3:17).

A la luz de ese gran sacrificio realizado por Dios el Padre a nuestro favor, no hay mejor manera de finalizar nuestro estudio con relación a por qué el pecado sexual es peor que otros pecados que con las palabras —y *en el poder*— de nuestro Señor y Salvador Jesucristo: «*Vete y no vuelvas a pecar*» (Juan 8:11, énfasis añadido).

Estas son más que palabras de perdón: están llenas de su poder y su promesa. Jesús no dice solamente: «No lo vuelvas a hacer», sino que tu Señor y el mío también dice:

¡Vete! Ten la certeza de que así como te perdoné, te acompañaré. Tan cierto como que mi sangre te lavó, mi Espíritu te dará poder. Tan completamente como he destruido el poder del pecado, estableceré mi victoria en tu vida, en tu mente y en los miembros de tu cuerpo. Entrégame todo a mí: tu vida, mente y cuerpo, y te digo: ¡No volverás a pecar!

Así que escúchalo, estimado lector: «*Vete y no vuelvas a pecar*».

APÉNDICE 1

Una oración para recibir a Cristo como nuestro Señor y Salvador

Tú me has librado de la muerte,
has enjugado mis lágrimas,
no me has dejado tropezar.
Salmo 116:8

Es posible que algún lector interesado en el tema haya leído este libro y todavía no haya aceptado a Jesucristo como su Salvador personal. Si este es tu caso, y todavía no has invitado al Señor Jesús a tu corazón para que sea tu Salvador y la guía en tu vida, quisiera alentarte y ayudarte a dar ese paso.

No te demores, porque un corazón sincero puede acercarse al Padre y Dios de amor en cualquier momento. Por ello, te invito a que me acompañes y oremos a él en este mismo instante.

De ser posible, ahí mismo donde te encuentras, inclina tu cabeza, o arrodíllate. De cualquier modo, permíteme pronunciar primero una breve oración y luego haz tuyas las palabras de la segunda oración.

MI ORACIÓN

Padre y Dios:

Tengo el honor de acompañar a este hijo tuyo que está leyendo este libro en este momento. Deseo agradecerte porque has abierto su corazón a ti, y te alabo porque has prometido que cuando te llamemos, tú nos responderás.

Me consta su auténtica sinceridad de corazón porque está dispuesto a pronunciar esta oración, y por lo tanto, venimos ante ti en el nombre y por medio de la cruz de tu Hijo, el Señor Jesús. Gracias por escucharnos.[1]

Y ahora, pronuncia tu oración.

TU ORACIÓN

Querido Dios:

Oro porque creo en tu amor por mí, y quiero pedirte que vengas a mí como yo vengo a ti. Ahora ayúdame, por favor.

Primero, te agradezco por enviar a tu Hijo Jesús al mundo para que viviera y muriera por mí en la cruz. Te doy gracias porque ahora me ofreces el don del perdón de los pecados y oro pidiéndote ese perdón.

Perdóname y purifica mi vida ante ti, mediante la sangre de Jesucristo. Me arrepiento de todo y de cualquier cosa indigna de ti que haya hecho. Líbrame de mi culpa y de mi vergüenza, porque acepto que Jesús murió para pagar el precio de todos mis pecados y por él ahora tengo el perdón en la tierra y la vida eterna en el cielo.

Te pido, Señor Jesús, que vengas ahora a mi vida. Sé que vives porque tú resucitaste de entre los muertos, y quiero que vivas conmigo, ahora y para siempre.

Te rindo mi vida y quiero andar en tus caminos. Invito al Espíritu Santo para que me llene y sea mi guía en la vida que agrada a mi Padre celestial.

Gracias por escucharme. De hoy en adelante, me entrego a Jesucristo, el Hijo de Dios.

En su nombre, amén.[2]

Apéndice 2

Una oración para invitar al Señor a llenarnos con el Espíritu Santo

Querido Señor Jesús:

Gracias Señor. Te alabo por tu gran amor y tu fidelidad.

Mi corazón se llena de gozo cada vez que pienso en la grandeza del don de la salvación que me has dado a cambio de nada.

Con humildad, te glorifico, Señor Jesús, porque has perdonado todos mis pecados y me has traído al Padre.

Ahora vengo ante ti en obediencia a tu llamado.

Quiero recibir la plenitud del Espíritu Santo.

No vengo porque sea digno sino porque tú me has invitado a venir.

Me has lavado de mis pecados. Gracias porque has hecho que la vasija de mi vida sea un recipiente digno de ser llenado con el Espíritu Santo de Dios.

Señor Jesús, quiero que tu vida, tu amor y tu poder rebosen en mi vida.

Quiero manifestar tu gracia, tus palabras, tu bondad y tus dones a toda la gente.

Por ello, con la fe sencilla de un niño, te pido —Señor— que me llenes con tu Espíritu Santo. Te entrego toda mi vida para recibir todo tu ser en mí.

Te amo, Señor, y elevo mi voz en alabanza a ti.

Recibo tu poder y tus milagros para que se manifiesten en mí y sean para tu gloria y tu honra.

No pido que digas «Amén» al final de esta oración, porque después de invitar a Jesús para que te llene con su Espíritu, es bueno alabarlo por fe. Alaba y adora a Jesús, deja que el Espíritu Santo te ayude. Él se manifestará glorificando a Cristo, y tú podrás pedirle que enriquezca ese momento dándote una señal de la presencia y el poder del Señor Jesús. No temas tener la misma experiencia que tuvieron los personajes de la Biblia. El espíritu de alabanza es una manera apropiada de expresar esa esperanza; y para hacer de Jesús el centro, adora a Dios con alabanzas. Glorifica a Dios, y el Espíritu Santo hará su obra.

APÉNDICE 3

UNA ORACIÓN DE RENUNCIA AL PECADO SEXUAL Y UNA INVITACIÓN A LA LIBERACIÓN

Querido Padre celestial:

Vengo ante ti en el nombre de Jesús. Vengo arrepentido y con humildad para recibir la purificación que necesito. Creo que la sangre de Jesús me limpia de todo pecado. Santo Dios, deseo ser purificado y ser libre de todo pecado e impureza sexual y de toda atadura impía del alma.* Confieso y me arrepiento de mis propios pecados sexuales y de los pecados sexuales de mis antepasados.**

En particular confieso mi pecado y me arrepiento de ceder a las pasiones sexuales: la codicia de mis ojos, las malas pasiones de la carne, los pensamientos impuros y todo tipo de fantasías sexuales.

Me arrepiento de todo contacto con cualquier tipo de pornografía. En particular, me arrepiento de mirar o usar fotografías, libros o revistas pornográficas, películas pornográficas, pornografía electrónica y las salas de chat en la Internet.

Me arrepiento de toda participación en pecados de fornicación, adulterio, infidelidad y prostitución. Me arrepiento de toda participación en perversiones sexuales, incluyendo la homosexualidad, la sodomía, el sadismo, las orgías, el sexo grupal y la actividad sexual con animales.

Padre celestial, en particular me arrepiento de todas las actitudes, todas las palabras o acciones con las que he obligado a mi esposa o le he solicitado que participe en actos sexuales que consideraba humillantes o desagradables y que violaban su conciencia ante Dios.

Me arrepiento del placer sexual que me proporcioné a solas, incluyendo la masturbación, el exhibicionismo, y el sexo por Internet o las conversaciones sensuales telefónicas. Me arrepiento también de toda actitud, acción y espíritu asociado al orgullo sexual, proeza sexual, conquista sexual, coqueteo y seducción.

Ahora, Dios Padre, renuncio*** a todos estos pecados sexuales: toda inmoralidad sexual, fornicación y adulterio, malas pasiones de la carne, perversión, pornografía, abuso sexual, egoísmo y manipulación. Renuncio a todos los espíritus impuros ocultos detrás de estos pecados. Renuncio a todas las ataduras impías del alma. No deseo tener nada que ver con ellas ni con ningún otro pecado sexual, en el nombre de Jesús.

En el nombre de Jesús, por el poder del Espíritu Santo, rompo el yugo de opresión de todo pecado sexual. A partir de este momento, elijo andar en pureza sexual ante mi Dios.[1]

DEFINICIONES

* ATADURAS DEL ALMA

Un vínculo mental o emocional del alma con una persona u objeto, que involucra la razón y las emociones y que influye en las decisiones de nuestra voluntad.

Hay *ataduras del alma buenas* (Génesis 2:24; 44:30; Deuteronomio 10:20; 1 Samuel 18:1 y 2 Samuel 20:2) y *ataduras del alma destructivas* (Génesis 34:1-3; Números 25:1-3; Josué 23:12-13 y 1 Corintios 6:16).

** ATADURAS GENERACIONALES

Que mantiene su amor hasta mil generaciones después, y que perdona la iniquidad, la rebelión y el pecado; pero que no deja sin castigo al culpable, sino que castiga la maldad de los padres en los hijos y en los nietos, hasta la tercera y la cuarta generación.

ÉXODO 34:7

Aunque no somos culpables de los pecados de las generaciones anteriores, estos tienen consecuencias muy destructivas. Si nuestros padres no se arrepintieron de sus pecados, los mismos ejercerán su influencia espiritual en las generaciones subsiguientes (por ejemplo, los hijos de padres violentos son más propensos a tener conductas violentas en su propia vida).

*** RENUNCIA

La noche está muy avanzada y ya se acerca el día. Por eso, dejemos a un lado las obras de la oscuridad y pongámonos la armadura de la luz.

ROMANOS 13:12

No tengan nada que ver con las obras infructuosas de la oscuridad, sino más bien denúncienlas.

EFESIOS 5:11

Una acción de parte del creyente en Jesucristo contra las fuerzas de la oscuridad, la cual declara nulas y canceladas todas las asociaciones anteriores. Con ello, se frustran todas las palabras, pactos o acciones que abrieron la entrada a influencias demoníacas.

APÉNDICE 4

AFIRMACIÓN DE COLORADO CON RESPECTO A LA MORAL SEXUAL BÍBLICA

Conforme al propósito de Dios, el sexo es una fuente de satisfacción, honra y deleite para aquellos que lo disfrutan dentro de los parámetros de las normas morales que el Señor estableció. En términos bíblicos, la sexualidad humana es un *don* y una *responsabilidad*. En la creación, el don del sexo estaba entre aquellas cosas que Dios declaró como «muy buenas» (Génesis 1:31). Más aun, la relación sexual está dotada de una profunda relevancia porque une al hombre y la mujer en el contexto de una imagen de Dios común a ambos (Génesis 1:27). Puesto que la sexualidad es idea de Dios y se relaciona con la imagen de Dios en la vida del ser humano, es muy importante preservar con diligencia la santidad de la conducta sexual. En realidad, la conducta sexual es aceptable moralmente solo cuando es santa (Efesios 1:4; 5:3; 1 Tesalonicenses 4:3-7; 1 Pedro 1:14-16).

El sexo no es solo bueno en sí mismo, sino que también cumple buenos propósitos. En la creación Dios dejó bien en claro que el sexo opera de dos maneras: genera «fruto» (Génesis 1:28) y posibilita la «unión» relacional (Génesis 2:24). Expresado de otra manera, la sexualidad no existe simplemente para sí sino que, por el contrario, el sexo estimula la solidaridad del ser humano, tanto por medio de la unión del hombre con la mujer como por medio del enriquecimiento de la sociedad a través de la construcción de familias y comunidades. Dios también quiso que el sexo reflejara la misteriosa relación espiritual que algún día él gozará con toda la humanidad redimida después de la cena de las bodas del Cordero (Apocalipsis 19:7,9).

Conforme al plan de Dios, la intimidad sexual es prerrogativa exclusiva del marido y la mujer dentro del matrimonio. La moralidad sexual, en cambio, incumbe a todos: a cada individuo, a las familias y a la sociedad, y por sobre todo, a Dios.

El sexo que cumple los lineamientos y principios exigidos por Dios proporciona placer. Dios diseñó la actividad sexual para que proporcionara placer físico, satisfacción emocional, y para que tuviera significación espiritual, ya que él se deleita en las alegrías y placeres de sus criaturas (Cantar de los Cantares 4:1-16). Los hombres y las mujeres que respetan los principios de Dios con respecto a la conducta sexual agradan al Señor y se agradan mutuamente (1 Corintios 6:20, y la analogía en Isaías 62:5).

Pero aunque el sexo se diseñó para proporcionar placer, no todo placer sexual es ético. Los sentimientos son extremadamente poco confiables como guías morales de la sexualidad. En realidad es posible que hombres y mujeres pecadores experimenten alguna forma de deleite físico y cierto grado de plenitud emocional, psicológica y espiritual incluso en conductas sexuales aborrecidas por Dios. Por ello la Biblia contiene muchas advertencias sentenciosas de no apelar a las pasiones humanas o al deseo como base para definir las prácticas sexuales aceptables (Romanos 1:24,26; 13:13-14; 1 Tesalonicenses 4:5; 2 Timoteo 2:22; 2 Pedro 3:3; 1 Juan 2:15-17; Judas 18). La vida sexual en rectitud solo es posible cuando nos conducimos de acuerdo a los principios divinos. La actividad sexual que se conforma a estos lineamientos, será enriquecedora, plena y de enorme bendición.

Deseamos advertir contra los engaños que debilitan o inhiben la bendición de Dios que implica el goce del maravilloso don de la sexualidad. También deseamos ayudar a los hombres y las mujeres a entender el plan bueno que Dios tiene para la conducta sexual, para que de esa manera experimenten todo el gozo, la satisfacción y la honra que Dios ofrece a las criaturas sexuadas hechas a su imagen.

Sobre la base de nuestro entendimiento de la enseñanza bíblica, realizamos las siguientes declaraciones. No pretendemos abarcar con estas afirmaciones todo lo que la Biblia dice con respecto a la moralidad sexual, pero sí creemos que destacan principios claves para nuestro tiempo.

1. No se puede confiar en el deseo y en la experiencia como guías para la moral sexual (Romanos 8:5-8; 13:14; 1 Corintios 2:14; 1 Tesalonicenses 4:3-5; 2 Timoteo 2:22; Santiago 1:14; 1 Juan 2:15-16; Judas 19). **Por el contrario, la moral sexual se define según la santidad de Dios** (Levítico 20:7-21,26; 1 Corintios 6:18-19; Efesios 1:4; 5:3; 1 Tesalonicenses 4:3-7; Hebreos 13:14; 1 Pedro 1:15-16).

Por lo tanto afirmamos que los hombres y las mujeres gozan la libertad de disfrutar del sexo de cualquier manera que honre la santidad de Dios. Afirmamos que Dios creó el sexo para que proporcionara placer físico, satisfacción emocional y beneficio psicológico, y para que tuviera significación espiritual; y que solo la actividad sexual que honra la santidad de Dios podrá realizar plenamente la complejidad de su diseño a todo nivel. Afirmamos que aquellos conceptos sobre moral sexual fundados sobre cualquier otra base que no sea la santidad de Dios serán siempre una degradación de los principios divinos de pureza moral sexual.

2. La norma divina es la pureza moral en todo pensamiento relacionado con el sexo, así como en todo acto sexual. La pureza sexual se puede violar incluso con pensamientos que nunca se exteriorizan en hechos (Job 31:1; Mateo 5:28; Filipenses 4:8; Santiago 1:14-15). El sexo nunca debe usarse para oprimir, dañar o aprovecharse de persona alguna (1 Tesalonicenses 4:6). La violación, el incesto, el abuso sexual, la pederastia, el *voyeurismo*, la prostitución y la pornografía deben condenarse porque siempre explotan y corrompen (Levítico 18:7-10; 19:29; 2 Samuel 13:1-22; Proverbios 6:26; 23:27; Mateo 5:28; 1 Tesalonicenses 4:3-7; 1 Pedro 4:3; 2 Pedro 2:13-14).

Por lo tanto afirmamos que Dios exige pureza moral sexual de pensamiento y de acción. Afirmamos que para que el deseo sexual sea moralmente aceptable deberá disciplinarse. Afirmamos que son pecados de lujuria aquellos pensamientos que satisfacen el deseo sexual con fantasías de actos pecaminosos. Estimular el deseo con imágenes de pecado sexual es moralmente reprobable, en toda circunstancia, cualquiera sea nuestra edad. Creemos que ningún acto sexual puede ser aceptable si está motivado por deseos contrarios a los mejores intereses de otro ser humano. Creemos que ningún acto sexual es aceptable si trata a las personas como objetos impersonales de deseo sexual. Rechazamos la noción de que las fantasías de ser partícipes de un pecado no son inmorales a menos que se exterioricen en acciones. Rechazamos toda posibilidad de justificar la pederastia, el *voyeurismo*, la prostitución o la pornografía.

3. Los principios de Dios con respecto a la pureza moral sexual tienen por objeto garantizar la felicidad humana (Proverbios 5:18-19; 6:32-33; Juan 15:10-11), pero el acto sexual no es un derecho, ni tampoco es imprescindible para la plenitud personal o la madurez emocional.

En consecuencia, afirmamos que los solteros y las solteras que se abstienen de la actividad sexual pueden ser personas plenas y maduras, que agradan a Dios tanto como aquellas que son fieles en el matrimonio. Afirmamos que el celibato sexual en un estado digno para un adulto, sea hombre o mujer (Mateo 19:12; 1 Corintios 7:1,8; Apocalipsis 14:4), y que una vida de celibato puede ser un don de Dios (1 Corintios 7:7). Afirmamos que la soltería, sin obligaciones conyugales o filiales, representa una ventaja noble para la libertad en el servicio (1 Corintios 7:32-35). Rechazamos la teoría de que aquellos que se abstienen de las relaciones sexuales no pueden ser personas «plenas» sin dichas relaciones. Afirmamos que todos, incluyendo los adolescentes solteros, pueden confiar en que Dios les dará fuerzas para resistir la tentación sexual (1 Corintios 10:13). Negamos la idea de que los adolescentes deban tener relaciones sexuales y de que no puedan abstenerse de ellas antes del matrimonio.

4. Dios llama a algunos a la vida de matrimonio; a otros los llama a la vida de celibato, y ambos llamados son un don divino y digno de respeto (1 Corintios 7:36-38). Nadie es moralmente inferior por seguir el llamado de Dios a una vida conyugal o célibe, y nadie puede aducir la superioridad moral de ninguno de estos estados para negar una vocación divina.

Afirmamos, pues, que Dios se complace en quienes han sido llamados al servicio mediante el amor expresado en la intimidad sexual del matrimonio. De igual modo, afirmamos que Dios también se complace en quienes han sido llamados a un testimonio y servicio especiales mediante una vida de celibato, fuera del matrimonio. Rechazamos la idea de que la Palabra de Dios manifieste que el amor expresado en la intimidad sexual del matrimonio sea un impedimento moral para el servicio.

5. La conducta sexual solo es moral cuando se inscribe dentro de la institución del matrimonio heterosexual y monógamo. La seguridad del matrimonio solo se fundamenta en el pacto incondicional de asumir un compromiso de fidelidad de por vida (Génesis 2:24; Malaquías 2:14-15; Mateo 19:4-6; Marcos 10:6-8; 1 Corintios 7:39; Romanos 7:2; Efesios 5:31) y no debemos separar lo que Dios ha unido (Malaquías 2:14-15; Mateo 19:6; Marcos 10:9). Los cristianos aún siguen debatiendo si el divorcio está justificado en ciertas circunstancias (Deuteronomio 24:1-4; Mateo 19:9; 1 Corintios 7:15), pero todos concuerdan en que el divorcio no es el ideal divino y en que la meta cristiana siempre debería ser el compromiso de por vida.

Por lo tanto, afirmamos que Dios estableció la definición moral del matrimonio, y esta no se debería acomodar a los dictados de la cultura, tradición o preferencias personales. Negamos que la moralidad del matrimonio sea cuestión de mera costumbre o que esté sujeta a los vaivenes de la opinión cultural o las prácticas sociales. Más aun, afirmamos que Dios considera el matrimonio como una relación basada en un pacto incondicional que une a la pareja sexual de por vida. Nos oponemos a reducir las obligaciones morales del matrimonio a un contrato comercial. No creemos que haya justificación moral para el divorcio por causa de insatisfacción, dificultades o desavenencias conyugales.

6. El matrimonio protege el significado trascendental de la intimidad sexual personal. La unión heterosexual en el matrimonio expresa el mismo tipo de intimidad santa, exclusiva, permanente, completa, de entrega y complementaria que algún día caracterizará la unión de Cristo con la iglesia redimida y glorificada (Efesios 5:28-33; 1 Corintios 6:12-20).

Por lo tanto, afirmamos que la unión íntima sexual en el matrimonio es un reflejo de la unión moral y espiritual que algún día Cristo gozará con la iglesia redimida y glorificada. No estamos de acuerdo con que el propósito y significado de la sexualidad humana pueda definirse en función de preferencias u opiniones personales. Nos oponemos a la idea de que la moral sexual sea solo cuestión de cultura, tradición u opción personal.

7. El sexo en el matrimonio debería ser un acto de amor y de gracia que trascienda los pecados triviales del egoísmo humano y solo se debería postergar por común acuerdo de ambos cónyuges, y aun así, solo por un período breve para dedicarse a la oración (1 Corintios 7:3-5).

Por lo tanto, afirmamos que el sexo en el matrimonio debería disfrutarse sin egoísmos. No creemos que las relaciones sexuales deban negarse como modo de control, castigo o manipulación de la conducta del cónyuge. Rechazamos la moralidad de cualquier acto sexual, incluso dentro del matrimonio, que no sea una expresión de amor y gracia. Creemos que ningún acto sexual se ajusta a la moral si lo motiva el egoísmo o la ambición de poder.

8. El sexo fuera del matrimonio siempre es inmoral (Éxodo 20:14; Levítico 18:7-17,20; Deuteronomio 5:18; Mateo 19:9,18; Marcos 10:19; Lucas 18:20, Romanos 13:9; 1 Corintios 6:13,18; Gálatas 5:19; Efesios 5:3; 1 Tesalo-nicenses 4:3; Hebreos 13:4). Esto incluye todo tipo de estimulación íntima sexual (tales como las caricias erógenas y el sexo oral) que excitan la pasión sexual entre personas no casadas (Mateo 5:27-28; 2 Timoteo 2:22). Tal conducta ofende a Dios (Romanos 1:24; 1 Tesalonicenses 4:8) y muchas veces causa dolor y quebranto físico y emocional en la vida (Proverbios 5:3-14). Que alguien se niegue a arrepentirse de su pecado sexual puede significar que dicha persona nunca experimentó la salvación de Cristo Jesús (Romanos 1:32; 1 Corintios 6:9-10; Efesios 5:3-5; Judas 13; Apocalipsis 22:15).

Por lo tanto, afirmamos que la bendición de Dios está reservada solo para la intimidad sexual dentro de los límites del matrimonio. Negamos que exista justificación alguna para las relaciones sexuales fuera del matrimonio. Rechazamos la idea de que la intimidad sexual fuera del matrimonio sea aceptable moralmente si la pareja es sincera, ambos están muy comprometidos y las relaciones son consensuales. Nos oponemos a las exhibiciones de pecado sexual como recurso para hacer atractiva la oferta popular de entretenimiento. Rechazamos la teoría de que el sexo entre adolescentes solteros sea aceptable mientras sea «seguro». Y no creemos que las iglesias deberían recibir en comunión a ninguna persona que voluntariamente se niegue a apartarse del pecado de vivir en una relación sexual fuera del matrimonio.

9. El Antiguo Testamento y el Nuevo Tes-tamento condenan por igual el contacto sexual entre personas del mismo sexo (Levítico 18:22; 20:13; Romanos 1:26-27; 1 Corintios 6:9; 1 Timoteo 1:10); y Dios ha decretado que nadie puede jamás excusar su conducta homosexual culpando a su creador (Génesis 2:24; Romanos 1:24-25).

Por lo tanto, afirmamos que el sexo moral es heterosexual por naturaleza. Afirmamos que Dios da fuerzas a su pueblo cuando acude a él pidiendo ayuda para resistir los deseos sexuales inmorales, incluyendo los deseos de tener relaciones homosexuales.

Afirmamos que Dios conoce la biología sexual humana a la perfección y que no cometió ningún error al prohibir tajante e incondicionalmente el sexo homosexual. Negamos la aseveración de que la ciencia puede justificar la moral de la conducta homosexual. Rechazamos la teoría de que la atracción homosexual sea un don de Dios (Santiago 1:13). Negamos la idea de que las relaciones homosexuales sean tan válidas como las heterosexuales.

No estamos de acuerdo con quienes afirman que es pecado emitir juicios morales a favor de la conducta heterosexual y juicios condenatorios de esta conducta.

10. La corrupción moral del pecado sexual puede ser plenamente perdonada por medio del arrepentimiento y la fe en la obra propiciatoria de Cristo (1 Corintios 6:9-11; 1 Juan 1:9), pero las secuelas físicas y sicológicas del pecado sexual no siempre se pueden borrar en esta vida.

Por lo tanto, afirmamos que Dios perdona totalmente a todo aquel que se arrepiente del pecado sexual. Creemos que las relaciones rotas por causa del pecado sexual se pueden reestablecer mediante el arrepentimiento genuino y la fe. Negamos que exista cualquier tipo de pecado sexual que Dios no pueda perdonar. Nos oponemos a la idea de que las víctimas de infidelidad o de abuso sexual nunca deberían perdonar a quienes pecaron contra ellas.

11. Los cristianos deben tener piedad y ayudar a quienes sufren desgracias por causa de la inmoralidad sexual, aun cuando esta se deba a sus propios actos de pecado (Romanos 12:15; Lucas 19:10). Sin embargo, debemos auxiliar sin restar importancia a la responsabilidad moral de la conducta sexual (Juan 8:11).

Por lo tanto, afirmamos que Dios llama a los cristianos a amar a todos los que sufren aislamiento social, pobreza, enfermedad, o embarazos no deseados, así como a las madres solteras, sin fijarse si su estado se debe a su propio pecado sexual o no. Creemos que Cristo nos dejó el ejemplo de un ministerio de amor hacia los que sufren las consecuencias de sus propios pecados. Rechazamos la idea de que nuestra obligación de aliviar el sufrimiento humano sea válida solo cuando la ayuda es «merecida».[1]

NOTAS FINALES

PREFACIO

1. «Facts About HIV/AIDS-Global» [Datos globales sobre el VIH/SIDA], *WHO/UNAIDS*, http://www.unaids.org/wac/ 2002/facts-global.pdf (sitio con acceso el 2 de enero de 2004).

CAPÍTULO 2

1. Las personas mencionadas en este libro son representativas de muchas personas que me han escrito o que se han acercado a mí en busca de consejo con relación al pecado sexual. Algunas de estas historias y cartas han sido editadas y adaptadas, y todos los nombres han sido cambiados para preservar la intimidad de las personas y la confianza que depositaron en mí.

CAPÍTULO 7

1. James Vicini, «Top Court Rejects Baby Death Conviction Appeal» [Corte Suprema desestima apelación por un homicidio infantil], *Washingtonpost.com*, 6 de octubre de 2003. http://www.washingtonpost.com/ac2/wp-dyn/A5132003 Oct6?language=printer (sitio con acceso el 2 de enero de 2004).
2. Abby Goodnough, «Florida Executes Killer of an Abortion Provider» [El estado de Florida ejecuta al asesino de un médico que practicaba abortos], *New York Times*, 4 de septiembre de 2003, Informe Nacional, p. A12.

3. «Facts About HIV/AIDS-Global» [Datos globales sobre el VIH/SIDA], *WHO/UNAIDS*, http://www.unaids.org/wac/2002/facts-global.pdf (sitio con acceso el 2 de enero de 2004).

CAPÍTULO 8

1. Programa Conjunto de Naciones Unidas para el VIH/SIDA, citado en «Basic Statistics» [Estadísticas básicas], *CDC*, 3 de diciembre de 2003, http://www.cdc.gov/hiv/stats.htm (sitio con acceso el 1 de enero de 2004).
2. «The Fight Against AIDS and Tuberculosis» [La lucha contra el SIDA y la tuberculosis], *Bill and Melinda Gates Foundation*, 2004. http://www.gatesfoundation.org/GlobalHealth/HIVAIDSTB (sitio con acceso el 1 de enero de 2004).
3. «Basic Statistics» [Estadísticas básicas], *CDC*, 3 de diciembre de 2003, http://www.cdc.gov/hiv/stats.htm (sitio con acceso el 1 de enero de 2004).
4. Charlene Laino, «AIDS: Worst Yet to Come–U.N.: 70 million may die of HIV over next 20 years» [El SIDA: Todavía falta lo peor –Naciones Unidas: 70 millones podrían morir de VIH en los próximos 20 años], *MSNBC*, 2 de julio de 2003, http://www.msnbc.com/news/774926.asp (sitio con acceso el 25 de agosto de 2003).
5. Charlene Laino, «AIDS Creates Global Orphan Crisis: 25 million kids predicted to lose a parent by 2010» [El SIDA crea una crisis global de huérfanos: Se predice que 25 millones de niños perderán a uno de sus padres para el año 2010], *MSNBC*, 10 de julio de 2003. http://www.msnbc.com/news/777815.asp (sitio con acceso el 25 de agosto de 2003).
6. John Richen, John Imrie y Helen Weiss, «Sex and Death: Why Does HIV Continue to Spread When So Many People Know About the Risks?» [Sexo y muerte: ¿Por qué sigue en aumento el número de infectados por VIH cuando tanta gente ya conoce los riesgos?], *Abstinence Clearinghouse*, 25 de noviembre de 2003. http://abstinence.net/library/index.php?entryid=648 (sitio con acceso el 1 de enero de 2004).

7. Marc Lacey, «For Ugandan Girls, Delaying Sex Has Economic Cost» [Para las niñas de Uganda, la abstinencia sexual tiene un costo económico], *The New York Times*, 18 de agosto de 2003, sección A, p. 4, http//www.nytimes.com/2003/08/18/internacional/africa (sitio con acceso el 25 de agosto de 2003).

CAPÍTULO 9
1. Ted Bundy, transcripción de entrevista con James Dobson, *Focus on the Family*, 1989, http://family.org/resources/itempg.cfm?itemid=932 (sitio con acceso el 2 de enero de 2004).

CAPÍTULO 11
1   «Jesús, Mary and Da Vinci: Exploring Controversial Theories About Religious Figures and the Holy Grail» [Jesús, María y Da Vinci: Explorando controversias acerca de figuras religiosas y el santo grial], *ABC News*, 3 de noviembre de 2003. http://abcnews.go.com/sections/World/Primetime/davinci031103.html (sitio con acceso el 26 de marzo de 2004).

APÉNDICE 1
1. *Jack Hayford, I'll Hold You in Heaven* [Te sostendré en el cielo], Regal Books, Ventura, CA, 2003, pp. 38-39. Reproducido con permiso.
2. Ibid, pp. 39-40.

APÉNDICE 3
1. Agradecimiento al pastor Chris Hayward, presidente, *Cleansing Stream Ministries*. Reproducido con permiso.

APÉNDICE 4
1. «Colorado Statement on Biblical Sexual Morality» [Afirmación de Colorado con respecto a la moral sexual bíblica], copyright © 2003, *Focus on the Family*. Todos los derechos reservados. Registro internacional de copyright. Reproducido con permiso.

Nos agradaría recibir noticias suyas.
Por favor, envíe sus comentarios sobre este libro a la
dirección que aparece a continuación.
Muchas gracias

ZONDERVAN

Editorial Vida
7500 NW 25 Street Suite # 239
Miami, Fl. 33122

Vidapub.sales@zondervan.com
http://www.editorialvida.com